現代中小企業経営論

川上義明 [編著]

税務経理協会

まえがき

　『経済白書』(1956年版) が,「もはや『戦後』ではない。……回復を通じての成長は終った。」といってからちょうど半世紀が経ち, 早くも21世紀も7年目を迎えている。この間に日本経済は高成長を遂げ, 二度にわたるエネルギー危機 (石油ショック) と低成長期を経験した。さらに, プラザ合意後の円高, その後のバブル経済とその崩壊, 平成不況を経験した。

　バブル経済崩壊後, それまでじつに適合的であると思われた金融システムや企業の経営システムが突然機能不全になったかに思われた。90年代後半からデフレ経済ともあいまって業績不振の企業も多く,『経済白書』(1999年版) は, 日本企業における「3つの過剰」(過剰雇用, 過剰設備, 過剰有利子負債) を嘆いた。

　この間の10年は,「失われた10年」,「停滞の10年」,「経営者が自身を失った10年」と言われることもあった。ところが, いまからみれば規模の大小を問わず日本企業が様々な面で変革を遂げた時期であったとみることができよう。むろんおくれを取った企業もないわけではなく, 二極化現象がみられたのもたしかである。経営破綻を迎えた企業も少なくなかった。しかし, 中小企業は自ら経営革新を進め, 新しいビジネスを生み出し, 自らの経営管理と経営戦略の展開を図ってきた。新しいタイプの中小企業も生まれた。

　これまで, 各論者によってそれぞれの視点からその時々の中小企業が研究されてきた。ところが,「中小企業とは何か」「中小企業の本質を問う」といいながら, どちらかといえば経済学的研究が支配的であり, いわば中小企業は間接的に扱われてきたという感を拭い去ることができない。中小企業そのものとその経営・管理についての本格的研究は少なかったといえよう。

　そこで本書では, こうした点から目をそらさず, 中小企業を真正面に据え, 今日の段階におけるその経営管理と経営戦略をまず明らかにし, ついでグローバル化と中小企業との関係を検討した。その上で, ヒトの管理, モノの管理の

一環として連携（コラボレーション）による研究・製品開発，カネの管理を検討した（第1章〜第5章）。加えて，中小企業の販売・マーケティング活動，情報管理，環境経営を課題とした（第6章〜第8章）。新しい分野を担ういわば新しいタイプの中小企業が出現しつつあることも今日の特質をなしている。そこで，ＳＯＨＯなど新規産業分野と中小企業との関連とベンチャー企業のマネジメントを考察し，最後に，中小企業における新しい経営理論としてナビゲーション経営を取り上げ，今後の展望をみ，締めくくりとしている（第9章〜第11章）。

　本書は，先行研究をレファレンスし，諸先学に学びつつかつカレントな視点から中小企業とその経営・管理を明らかにしようとしており，論文はともあれまとまったものとしては他書にはない問題への接近をなしえていると考えている。本書をひもといていただく方々としては，専門研究者や学生諸君，さらに広く今日の中小企業とその経営に関心を抱いている人々が念頭におかれているが，結局，本書の意図の成否については読者に委ねられるべきであろう。

　種々，各執筆者にはご不便をおかけしたが，本書がここに刊行されることになったのは，ひとえに出版を快く引き受けていただいた税務経理協会のご配慮あってのことである。特に，編集部峯村英治氏には，ご面倒をおかけしてしまった。この機会をお借りしてあつく御礼申し上げたい。

2006年1月

　　　　　　　　　　　　　　　　　　　　　　　　　　　　川上　義明

執筆者一覧（執筆順）

第1章
　菊池 英貴　　九州産業大学商学部准教授

第2章
　遠原 智文　　大阪経済大学経営学部准教授

第3章
　藤村 やよい　久留米信愛女学院短期大学ビジネスキャリア学科教授

第4章
　川上 義明　　福岡大学商学部教授

第5章
　山本 公平　　広島経済大学経済学部准教授

第6章
　山崎 良一　　九州共立大学経済学部非常勤講師

第7章
　木原 すみ子　九州龍谷短期大学人間コミュニティ学科教授

第8章
　遠藤 真紀　　九州情報大学経営情報学部准教授

第9章
　太田 聡　　　九州産業大学商学部教授

第10章
　井上 善海　　東洋大学経営学部教授

第11章
　奥居 正樹　　広島大学大学院社会科学研究科准教授

目　次

まえがき

執筆者一覧

第1章　中小企業における経営管理と経営戦略

第1節　経営管理論の生成 ……………………………………………… 3
　1　経営管理論の嚆矢 …………………………………………………… 3
　2　人間関係管理 ………………………………………………………… 5
　3　個を重視する経営管理 ……………………………………………… 6
　4　動機づけの問題 ……………………………………………………… 7
　5　個人の成長と管理——コンティンジェンシー理論 ……………… 8
第2節　経営戦略論の系譜 ……………………………………………… 9
　1　経営戦略研究の嚆矢——経営管理から経営戦略へ ……………… 9
　2　経営戦略対象の階層化 ……………………………………………… 11
　3　競争戦略と中小企業 ………………………………………………… 12
　4　個を重視する戦略——経営戦略と経営管理の融合 ……………… 12
第3節　ネットワーク化の進展と中小企業の経営戦略 ……………… 14
　1　イノベーションのジレンマと中小企業の戦略 …………………… 14
　2　ネットワークを活用した中小企業の戦略 ………………………… 15

第2章　グローバル化時代の中小企業

第1節　中小企業の国際化 …………………………………………… 19
　1　企業の「国際化」と「グローバル化」 …………………………… 19
　2　戦後における中小企業国際化の史的展開 ……………………… 20
　　(1)　1945年から1960年前後 ………………………………………… 20
　　(2)　1960年代初め～1970年代前半 ………………………………… 20
　　(3)　1970年代半ば～1990年代前後 ………………………………… 21
第2節　経済のグローバル化と中小企業 …………………………… 22
　1　経済のグローバル化 ……………………………………………… 22
　2　中小企業のグローバル化 ………………………………………… 23
　　(1)　中小企業のグローバル化の概況 ……………………………… 23
　　(2)　グローバル型中小企業の特徴 ………………………………… 25
第3節　中小製造企業のアジア展開 ………………………………… 28
　1　生産拠点としてのアジア ………………………………………… 28
　2　中小製造企業の技術力 …………………………………………… 28
　　(1)　日本中小製造企業の技術力 …………………………………… 28
　　(2)　アジアの中小製造企業の技術力 ……………………………… 29
　3　日本中小製造企業のアジア戦略 ………………………………… 31

第3章　中小企業における人材開発（戦略）

　はじめに …………………………………………………………… 35
第1節　人的資源と企業成長 ………………………………………… 35
　1　人的資源 …………………………………………………………… 35
　2　企業成長 …………………………………………………………… 36

	(1) 企業成長と信頼・信用	36
	(2) 経営環境の変化と企業成長	37

第2節 人材開発 … 37
1 人材と人材開発戦略 … 37
2 人材開発と人材育成法 … 38

第3節 日本的経営と雇用の変化 … 40
1 終身雇用と少子高齢化 … 40
2 年功序列と人材開発 … 41
3 雇用形態の多様化と雇用の流動化 … 41
　(1) 雇用形態の多様化 … 41
　(2) 雇用の流動化 … 42
　(3) 新しい雇用環境における課題 … 43
4 能力主義，成果主義 … 44

第4節 これからの人材と定着性 … 44
1 求められる人材 … 44
　(1) 信頼できる人材 … 44
　(2) 即戦力になる人材 … 45
　(3) 「右腕」になる人材 … 45
2 定着性 … 46
　(1) 若年者の定着性 … 46
　(2) 定着性のある職場環境 … 46

むすび … 47

第4章　中小企業における研究開発と連携

はじめに	51
第1節　中小企業における経営問題	51
第2節　経営革新	53
1　イノベーション（革新）	53
2　経営革新	54
第3節　中小企業における技術革新	56
1　過小評価された中小企業における技術革新	56
2　日本企業における技術革新の企業規模別状況	58
第4節　中小企業における研究開発	59
1　マクロにみた研究開発	59
2　中小企業における研究開発の状況(1)	59
3　中小企業における研究開発の状況(2)	61
4　中小企業における研究開発の特徴と成果	63
第5節　企業間の連携による研究開発	64
1　中小企業における他企業・機関との連携の意義	64
2　連携の型（タイプ）	65
むすび	67

第5章　中小企業の財務戦略

はじめに	69
第1節　中小企業の資金調達	69
1　資金調達の特性	69
2　金融機関	71

目　次

第2節　財務諸表の基本 …… 72
1. 財務諸表の概要 …… 72
2. 貸借対照表 …… 72
   - (1) 貸借対照表とは …… 72
   - (2) 貸借対照表の構成 …… 72
   - (3) 貸借対照表からわかること …… 74
3. 損益計算書 …… 74
   - (1) 損益計算書とは …… 74
   - (2) 損益計算書の構成 …… 74
   - (3) 損益計算書からわかること …… 75
4. キャッシュフロー計算書 …… 76
   - (1) キャッシュフロー計算書とは …… 76
   - (2) キャッシュフロー計算書の構成 …… 77
   - (3) キャッシュフロー計算書からわかること …… 78

第3節　財務分析の基本 …… 79
1. 財務分析の概要 …… 79
2. 収益性分析 …… 80
   - (1) 総資本対経常利益率 …… 80
   - (2) 総資本対経常利益率の展開 …… 81
   - (3) 自己資本対経常利益率 …… 82
3. 安全性分析 …… 82
   - (1) 自己資本比率 …… 82
   - (2) 流動比率と当座比率 …… 83

第4節　中小企業の財務体質強化 …… 83
1. 自己資本の増大 …… 83
2. 利益の創出 …… 84
3. 限界利益 …… 85
4. 効率的な資金の調達と運用 …… 86

    (1) 中小企業金融制度を利用した調達 ………………………… 86
    (2) 中長期的な運用 ……………………………………………… 87

第6章　わが国中小製造業のマーケティング

第1節　わが国中小製造業経営とマーケティングの意義 ………… 91
  1　中小製造業と製品 ……………………………………………… 91
    (1) 中小製造業の類型 …………………………………………… 91
    (2) 中小製造業における製品 …………………………………… 91
  2　中小製造業の経営特質と経営資源分析 ……………………… 92
    (1) 中小製造業の経営特質 ……………………………………… 92
    (2) 中小製造業の経営資源 ……………………………………… 93
  3　中小製造業におけるマーケティングの役割と意義 ………… 94
    (1) 企業外部における環境変化への対応 ……………………… 94
    (2) 企業内部における諸機能の統合 …………………………… 94
第2節　わが国中小製造業のマーケティングの課題と対応 ……… 95
  1　新製品開発と製品差別化 ……………………………………… 95
    (1) 新製品開発とその視点 ……………………………………… 95
    (2) 製品差別化 …………………………………………………… 97
  2　中小製造業の販売チャネルの課題と対応 …………………… 98
    (1) 既存チャネルの課題と対応 ………………………………… 98
    (2) 新規チャネル開発の課題と対応 …………………………… 99
第3節　わが国中小製造業マーケティング・
　　　　イノベーションの展望 ………………………………… 101
  1　中小製造業，ネットワーク化への取り組み ……………… 101
    (1) 産・産ネットワーク ……………………………………… 102
    (2) 産・学ネットワーク ……………………………………… 102

|　(3)　産・学・官ネットワーク　……………………………………　102
| 　2　セールス・レップの活用　……………………………………………　102
| 　3　情報技術の活用　………………………………………………………　103

第7章　中小企業のIT活用と情報管理

第1節　企業とIT化　……………………………………………………　105
　1　情報をめぐる近年の企業環境　…………………………………………　105
　2　IT化の意味するもの　…………………………………………………　106
　3　今日のIT化のめざすもの　……………………………………………　107
第2節　企業のIT活用の動向　………………………………………　108
　1　企業におけるIT活用ニーズ　…………………………………………　108
　2　企業全体でみたIT活用の状況　………………………………………　109
第3節　中小企業のIT化と戦略　……………………………………　111
　1　中小企業のITへの取り組み　…………………………………………　111
　2　中小企業へのIT支援の施策　…………………………………………　113
　3　インターネットを介したコミュニティ形成　………………………　113
第4節　中小企業における情報管理　……………………………………　114
　1　IT活用と情報管理　……………………………………………………　114
　2　個人情報保護法施行の背景と概要　……………………………………　115
　3　中小企業と個人情報保護対策　…………………………………………　116
　4　求められる中小企業の情報管理能力　…………………………………　118

第8章　中小企業における環境経営

第1節　環境問題と環境政策 ……………………………………… 121
 1　環境政策の動向と社会的要請 ………………………………… 121
 2　環境問題の推移 ………………………………………………… 123
  (1)　公害対策の時代 ……………………………………………… 124
  (2)　環境対応の時代 ……………………………………………… 124
  (3)　環境保全の時代 ……………………………………………… 124
  (4)　環境共生の時代 ……………………………………………… 125
 3　大企業などからの環境配慮要請 ……………………………… 125
第2節　中小企業と環境経営 ……………………………………… 126
 1　環境経営の定義と分類 ………………………………………… 126
  (1)　環境対応型経営 ……………………………………………… 126
  (2)　環境保全型経営 ……………………………………………… 126
  (3)　環境共生型経営 ……………………………………………… 127
 2　中小企業の環境経営の実態と課題 …………………………… 127
  (1)　中小製造業の環境経営の捉え方 …………………………… 127
  (2)　EMS導入（含むISO認証取得）の目的・課題・対応策 …… 128
 3　中小企業における環境経営の必要性と可能性 ……………… 129
  (1)　中小企業のあるべき姿 ……………………………………… 129
  (2)　環境経営の本質 ……………………………………………… 130
  (3)　EMSの活用意識の必要性 …………………………………… 130
  (4)　環境経営の評価 ……………………………………………… 130
 4　中小企業の環境経営 …………………………………………… 132
第3節　中小企業のエコビジネス ………………………………… 133
 1　エコビジネスの分類 …………………………………………… 133
 2　中小企業の強み ………………………………………………… 133

(1)　専門性の高い技術力 ……………………………………… 135
　　　(2)　高いコストパフォーマンス …………………………… 135
　　　(3)　地域密着性 ………………………………………………… 135
　　　(4)　組織の柔軟性 ……………………………………………… 136
　　3　中小企業の重点分野 ……………………………………………… 136

第9章　中小企業と新規分野

第1節　中小企業基本法の改正と新規事業への支援 ……………… 140
　　1　中小企業基本法による経営革新・創業への支援 ………… 140
　　2　ベンチャー企業への支援 …………………………………… 142
第2節　新規分野と新しい就業形態 ………………………………… 144
　　1　中小企業のイノベーション ………………………………… 144
　　2　新規事業のターゲット（新規分野） ……………………… 146
　　3　新しい就業形態（SOHO） ………………………………… 149
　　　(1)　SOHOの定義 …………………………………………… 149
　　　(2)　小規模企業としてのSOHOの現状 ………………… 151
　　　(3)　インターネットSOHOの課題 ……………………… 153

第10章　ベンチャー企業のマネジメント

第1節　ベンチャー企業とは ………………………………………… 157
　　1　ベンチャー企業の概念 ……………………………………… 157
　　2　日本におけるベンチャー・ブーム ………………………… 157
　　3　ベンチャー企業の構成要件 ………………………………… 159
第2節　ベンチャー企業の経営戦略 ………………………………… 161

1	ベンチャー企業の経営戦略の特徴 ………………………………	161
2	企業戦略レベル――バリュー・マネジメント ………………	162
3	事業戦略レベル――コア・コンピタンス …………………………	163
4	機能別戦略レベル――マネジメント機能の強化 ………………	164

第3節　ベンチャー企業の外部資源活用 …………………………… 164
 1　ベンチャー企業の資源補完の特徴 ……………………………… 164
 2　市　場　取　引 ……………………………………………………… 165
 3　Ｍ＆Ａ ……………………………………………………………… 166
 4　戦略的提携 ………………………………………………………… 166
 5　ベンチャー企業の戦略的資源補完 ……………………………… 167

第4節　ベンチャー企業の資金調達 ………………………………… 168
 1　ベンチャー企業の資金調達の特徴 ……………………………… 168
 2　出資による資金調達 ……………………………………………… 169
  (1)　ベンチャー・キャピタル …………………………………… 169
  (2)　エンジェル資金 ……………………………………………… 169
  (3)　中小企業投資育成株式会社 ………………………………… 170
  (4)　新規公開市場 ………………………………………………… 170
 3　融資による資金調達 ……………………………………………… 170
  (1)　民間金融機関 ………………………………………………… 170
  (2)　公的制度融資 ………………………………………………… 171
  (3)　信用補完制度 ………………………………………………… 171
 4　多様な資金調達システム ………………………………………… 171
  (1)　エクイティ性資金 …………………………………………… 171
  (2)　市場型間接金融 ……………………………………………… 172

第11章　ナビゲーション経営と中小企業

第1節　ナビゲーション経営とは …………………………………… 173
 1　企業の抱える課題 ……………………………………………… 173
  (1)　マネジメントの原則 ……………………………………… 173
  (2)　経営戦略が実行できない原因 …………………………… 174
 2　ＢＳＣによるナビゲーション経営 …………………………… 175
  (1)　ＢＳＣとは ………………………………………………… 175
  (2)　ＢＳＣにおけるバランスの意味 ………………………… 176
  (3)　ナビゲーション経営とは ………………………………… 177
第2節　ＢＳＣを用いたナビゲーション経営 …………………… 177
 1　ＢＳＣの構築プロセス ………………………………………… 177
  (1)　ミッション・ビジョンに基づいた戦略目標の策定 …… 177
  (2)　重要成功要因の分析 ……………………………………… 178
  (3)　戦略マップの策定 ………………………………………… 179
  (4)　ＫＰＩに対する目標値の設定 …………………………… 181
  (5)　情報ネットワークの整備 ………………………………… 181
  (6)　成果の検証 ………………………………………………… 182
 2　ＢＳＣのもたらす効果 ………………………………………… 182
  (1)　経営戦略の共有化 ………………………………………… 182
  (2)　経営戦略の可視化 ………………………………………… 183
  (3)　フィードバックシステムの導入 ………………………… 183
 3　ナビゲーション経営を中小企業に導入する際の留意点 …… 184
  (1)　経営幹部のコミットメントと組織全体のコミットメント ……… 184
  (2)　具体的な戦略目標 ………………………………………… 184
  (3)　ＫＰＩの抽出数 …………………………………………… 184
  (4)　プロジェクト・マネジメント …………………………… 185

(5)	フィードバックの組み込み …………………………………	185

第3節　経営品質を高めるための経営課題 …………………… 186
1　経営品質とは ………………………………………………… 186
2　日本経営品質賞について ………………………………… 186

索　　引 ………………………………………………………… 191

現代中小企業経営論

第1章

中小企業における経営管理と経営戦略

第1節　経営管理論の生成

1　経営管理論の嚆矢

　古代エジプトや中国などのように「管理すること (managing) の問題は，組織化された生活が開始されて以来存在してきたが，管理の問題の体系的な検討は，ほとんど例外なく，今世紀（20世紀）の所産である」[1]。とりわけ産業革命以後における生産の機械化，大規模化などの資本主義的生産の発展にともなって，経営管理の重要性が認識されるようになった。それは19世紀半ばから急速に発展しつつあった鉄道業を中心にその萌芽がみられ，19世紀後半には技師たちの間で管理運動として高まってきた。また，こうした管理への関心は，経営の大規模化・複雑化に対応する組織とコミュニケーションの改善へと展開する。
　科学性と体系性を持った経営管理の理論の形成は，19世紀末から20世紀初頭にかけてのテイラー（Frederick W. Taylor）の「科学的管理 (Scientific Management)」の理論をもってしてであると考えられる[2]。
　テイラーは，当時の急速な産業の発展から生じていた問題，なかでも最も大きな問題である労働者の「組織的怠業 (systematic soldiering)」を解決し，能率増進を図ることに取り組んだ。当時，企業家たちは，激化する企業間競争に打ち勝つために，コスト削減の方策として賃率引き下げを行っていた。そこで，労働者たちは，この賃率引き下げに対抗するために，故意に相互に生産性を制限していた。この状況が「組織的怠業」と呼ばれるものである。これは当時，

現場作業者が作業の計画職能と執行職能の双方とも担当しており，彼らの経験と勘をもとに作業が進められており，今日的意味の計画がなされていなかったためである。テイラーは，こうした管理を「成行き管理 (drifting management)」と称し批判した。そこでテイラーは，労使の恣意を離れ，科学的な方法を用いて，労働者の1日の標準作業量となる「課業 (task)」を決定し，それによって管理しようとした。テイラーは，課業の決定機関として，組織機構の中に「計画部」を設置し，そこで経営側が計画職能を担当することを提唱した。これにより，それまでの個人的経験・勘に依存していた管理（成行き管理）から，課業という基準による科学的な管理が行われることになった。

テイラーと前後して，フランスのファヨール (Henry Fayol) によって経営管理の理論が展開された[3]。ファヨールは，企業の活動を，①技術的活動，②商業活動，③財務活動，④保全活動，⑤会計活動，⑥管理活動に分類し，企業の全般的活動を対象とする管理活動の重要性を強調した。この管理活動は，予測（計画），組織，命令，調整，統制からなる。ファヨールは，なかでも管理活動の起点となる計画を重視する。①から⑤においても計画は立案され重要なものではあるが，それらは個別に作成される計画であり，管理活動において作成される全般的計画と異なるからである。この管理活動の計画は，企業全般にかかわるものであり戦略的にも重要である。ファヨールのこの内容は，1930年代以降，アメリカの経営管理研究者の間に定着する。それは，アメリカにおいて，企業規模の拡大にともなう管理階層の分化に加えて，世界恐慌後の全般管理の改善への関心が高まったことにある。

こうしたテイラーやファヨールの管理概念に共通することは，資本主義経済の発展にともない成長する企業の効率的管理の方法を取り上げ，管理の起点となる計画に着目した点である[4]。科学的管理法は，様々な産業のあらゆる生産現場に導入され，成果をあげ，産業革命とでも呼ぶべき産業発展を引き起こしたといわれた。特にフォードのT型車生産を契機として自動車産業では，顕著な成果をあげた[5]。また，科学的管理法が，大企業のみならず中小企業でも適用可能であることも指摘されている[6]。やがて，科学的管理の発展とともに，

アメリカでは産業組織内における人間の問題が注目をあびることになった。

2 人間関係管理

　人間関係論は，ウェスタン・エレクトリック（Western Electric）社のホーソン工場（Hawthorne Works）で行われた，物理的作業条件の変化が労働者の生産性に与える影響を調査していた実験を契機として，展開された[7]。この実験は，当初，照明などの物理的作業環境と作業能率との間に，何らかの関係を発見するねらいを持って行われた。しかし，そこに有意味な関係を発見できなかった。そこで，実験担当者たちは，労働時間短縮，休憩時間の挿入などの条件を多くして作業能率との関係を調査した。これには，数名の女子工員と実験担当者そして工場次長が参加していた。すると，労働時間短縮や休憩時間の導入の効果などから，単位時間あたりの生産量が増加したのである。

　実験開始からほぼ2年後，この作業の労働条件を当初の休憩なし，労働時間短縮なしに戻してみた。単位時間あたりの生産量は下がったものの，実験当初までには下がらず，しかも労働時間がもとの長さに延長されたために，総生産量は実験内での最高を示すことになった。労働条件は同じであるにもかかわらず，なぜこういう結果になったのか。「人間関係（human relations）」ということを持ち出さなければ，この結果の説明がつかないことになったのである。この結果から，集団内には「能率の論理」に規定される公式組織以外に，「感情の論理」に支配される自然発生的な「非公式組織（インフォーマル・オーガニゼーション）」が存在することが明らかにされた。そして，この非公式組織内の規範が，集団内の作業能率や生産高に大きく影響を与えることが判明した。こうした一連の実験は，「ホーソン実験」と呼ばれ，1924年から1932年まで実施された。この実験にハーバード大学教授のメイヨー（Elton G. Mayo）やレスリスバーガー（Fritz J. Roethlisberger）が参加し，この結果に意味づけが行われ「人間関係論」が展開されていくことになる。

　この実験結果から，次のようなことが導き出された。作業集団の持っている

心的態度（人間関係）が，生産高に大きな影響を及ぼす。労働者の行動は，その感情から切り離して理解することはできない。

このようにテイラーやファヨールにはみられない，感情を有する労働者観が登場し，そのような見方に立つ人間性を尊重しての経営管理のあり方が問題とされるようになった。

3　個を重視する経営管理

人間関係論は，「非公式組織」に焦点をあてたが，バーナード（Chester I. Barnard）は，「公式組織」に参加する個人の協働に注目した。組織とは，個人が単独でできないことを達成するためのものである。つまり，組織は本来，人間にとっての手段であり，組織においていかに個人を生かすか，ということがその主要な問題となる。

個人が目的を達成しようとするとき，様々な制約に直面する。そこで個人は，その制約を克服し目的を達成するために，組織に参加し協働が生じる。バーナードは，それを協働システムと呼ぶ。バーナードによれば，協働システムとは「少なくともひとつの明確な目的のために2人以上の人々が協調することによって，特殊の体系的関係にある物的，生物的，個人的，社会的構成要素の複合体である」[8]。この協働システムにおいて，管理の役割が与えられるのが「公式組織」であり，その構成要素は，協働意欲，共通の目的，コミュニケーションである[9]。

協働意欲とは，個人の努力を組織目的に寄与しようとする意思である。この意欲は，組織が提供する誘因が，組織に提供する貢献以上であると各個人に認識されたときに発生する。個人が組織に参加するのは，個人の動機を満たすことが目的であるが，組織の共通目的と個人目的が一致することは，ほとんど例外的にしか存在しない。組織の共通目的を達成するためには，個人の協働意欲を引き出さなければならない。そのためには，それらを結びつけるためのコミュニケーションが重要となってくる。なぜなら，コミュニケーションがなけ

れば，共通目的は形成されず，理解されることもなく，そこには，協働意欲が発生することもないからである[10]。

バーナードは，人間関係論が最重視した非公式組織の存在を軽視しているわけではない。バーナードによれば，公式組織は意識的過程であるが，そこには無意識的社会過程である非公式組織が存在するという。そして，この非公式組織は，公式組織の凝集性の維持やコミュニケーション機能を持つ。つまり，バーナードは，非公式組織に関心を集中させた人間関係論と異なり，公式組織に視点の中心を置き，それを補完するものとしての非公式組織を問題とした。

このように，組織において個人がいかに行動するか，個人に対して組織がいかに作用するかを解明するために，人間そのものを対象にして管理論が進められることになる。つまり，バーナードは組織全体の利益（全体主義）のみならず，組織の構成要素である個人の利益（個人主義）も対象にした。こうして管理論の対象が，組織を構成する個人の人間性の回復を目指すための管理へと方向づけられたのである。そして，管理の問題は，組織を構成する個人の動機づけの問題へと展開することになる。

4 動機づけの問題

組織に参加する個人は，各個人の欲求を満たすために組織に参加する。組織に属する人間の欲求を満たすことが，人間を動機づけることになる。しかし，個人の欲求はそれぞれ異なる。そこで，管理する側は，個人としての従業員がどういう欲求を持っているかを知り，その欲求をどう満足させられるかを考えなければならない。

マズロー（Abraham H. Maslaw）は，人間の欲求を「生理的欲求」，「安全への欲求」，「愛情と所属の欲求」，「尊敬と自尊心の欲求」，「自己実現の欲求」という5段階に分類した「欲求段階説」を提唱した。人間の欲求は，生理的欲求のように低次のものから，自己実現の欲求のように高次のものまで段階的階層をなしている。低次の欲求は，満たされるまでは動機づけ要因となるが，いった

ん満たされるとその重要性は低下する。そして，より高次の欲求の重要性が，動機づけ要因として増すことになる。つまり，管理者は，個人としての従業員がどのような欲求を持っているかを知り，その欲求をどう満足させるかを考えた動機づけの諸施策を実施しなければならない。

　マグレガー (Douglas McGregor) は，マズローの理論を基礎にして，人間は元来仕事嫌いで，強制なしには十分な努力をしないというX理論と，人間は元来仕事が嫌いというわけではなく，条件次第で仕事が満足の源になりうるというY理論（「X－Y理論」）を提唱した。そして，マグレガーは，メンバーの企業目標達成努力が各自の目標達成につながるように，X理論による管理からY理論による管理への転換を主張した。また，ハーズバーグ (Frederick I. Herzberg) は，実証研究のために面接調査を行い，そこから職務上の満足と不満足が同一次元にあるものではないことを，「動機づけ－衛生理論」として提唱した。

　このように管理の問題は，当初のいかにして組織のメンバーをコントロール下に置くかというものから，いかにしてメンバー個人の満足を満たしながら，組織目的に貢献させるかという動機づけ理論へと展開させられることになる[11]。

5　個人の成長と管理——コンティンジェンシー理論

　アージリス (Chris Argyris) は，個人と組織の間には根本的不適合が存在すると指摘した。健康なパーソナリティは，未成熟から成熟へと成長する傾向がある。しかし，組織を効率的に管理するためのスパン・オブ・コントロール，命令統一の原則，専門化の原則，指揮統一の原則などは，組織目的達成には効果的であるが，一面では個人の自己実現欲求や成長を妨げる。そこで，アージリスは，組織と個人の不適合の解決策として職務拡大，自主管理，参加的リーダーシップの導入を提唱した。こうして，個人の成長欲求を満足させながら，組織の目的達成へと導くことが重視されるようになった。また，ハーシーとブランチャード (Paul Hersey & kenneth H. Blanchard) は，有効的なリーダーシップは，部下の成熟の程度において異なるということを，S－L (Situational

Leadership）理論として提唱した。彼らによれば，有効的なリーダーシップとは，成熟度の低いメンバーの場合，教示的リーダーシップであるが，成熟度が高まるにつれ，説得的リーダーシップ，参加的リーダーシップ，委譲的リーダーシップへと移行するというものである。こうした理論はコンティンジェンシー理論（contingency theory）と呼ばれる。そこで強調されたことは，普遍的に効果的なリーダーシップの方法はないということである[12]。

　経営管理の問題は，当初は資本主義経済の発展にともなう大規模化する企業を，いかに効率的に管理するかということに関心が置かれた。そして，組織目的達成のためには，組織全体の効率的管理のみならず，組織のメンバー個々の欲求を満たし，構成員の能力を最大限に引き出すような管理が必要であると認識されるようになる。そして，「経営管理から経営戦略へ」[13]と言われるように，経営戦略の問題へと発展していくことになる。

第2節　経営戦略論の系譜

1　経営戦略研究の嚆矢──経営管理から経営戦略へ

　戦略という軍事用語を実業界に導入する橋渡しをしたのは，1948年にゲームの理論を開発したフォン・ノイマン（John von Neumann）たちと言われる[14]。また，マネジメントの分野で，明示的ではないが「戦略」を問題にしたのは，「われわれの事業は何か，そしてそれは何であるべきか」と，企業の維持・成長にかかわる問題を提起したドラッカー（Peter F. Drucker）であろう[15]。しかし，ドラッカーによれば，1964年の著書『創造する経営』は企業戦略をテーマとしていたが，当時，「戦略という言葉は，政治か軍事にしか用いられていなかった」[16]という。そうした中，経営学の分野において，最初に戦略という概念に明確な規定を示していたのは，チャンドラー（Alfred D. Chadler）であろう[17]。

　チャンドラーは，近代アメリカ大企業の成長に関する法則を見出そうとして，

GM (General Motors) 社やデュポン (DuPont) 社などを調査した。これらの企業の成長過程を分析してみると，企業は経営の多角化や拡大化を計画し，実行することで成長していた。こうして成長した企業は，これらの活動を管理するために，新組織である事業部制組織を採用していたのである。こうした経営の多角化・拡大化と事業部制組織の採用という動きは，第二次大戦後，多くのアメリカ企業にみられることになる。そこから，「組織（構造）は戦略に従う」という命題を導き出したチャンドラーは，この成長のための計画を戦略(戦略的計画) と呼び，経営戦略を「企業の基本的長期目標・目的の決定，とるべき行動方向の採択，これらの目標遂行に必要な資源の配分」[18] と定義した。

チャンドラーは，こうした戦略的意思決定から導かれた戦略的計画作成を経営管理の問題として捉えていた[19]。そして，アンゾフ (Igor H. Ansoff) が，チャンドラーが管理上の問題として捉えていた戦略的計画を経営戦略の問題へと発展させることになる[20]。

彼は，「企業とその環境との関係に関するものを戦略的」[21] と呼んだ。そして，企業における意思決定を戦略的決定，管理的決定，業務的決定に分類した。戦略的意思決定の核心は，どのような事業または製品・市場を選択すべきかに関する決定，つまり多角化の決定であった。これは，当時のアメリカ企業における現実の問題と密接に関連している。ルメルト (Richard P. Rumelt) の調査によれば，1959年からの10年間で積極的に多角化戦略を実施した企業は，約65％であった[22]。このような状況の反映として，製品・市場選択の指針となるような多角化の研究が盛んになり，アンゾフたちがそれを経営戦略論の研究対象としたのである。そして，アンゾフの提示したシナジー効果，能力プロフィール，製品ポートフォリオ，成長ベクトルなどの概念は，その後の経営戦略研究に大きく影響を及ぼすことになる。彼らは，管理の主要な問題である意思決定や計画に戦略概念を持ち込み，それらを戦略的意思決定，戦略的計画と呼び，トップの携わる計画や意思決定をその他のものと峻別した。戦略的計画の手法としてプロダクト・ポートフォリオ・マネジメント (Product Portfolio Management——以下PPM) が考案された。

これは，多角化が進んだ企業においてどの事業に重点を置き，どの事業分野を撤退させるかといった全社的な資源配分をいかに最適にすべきか，という課題に応えようとしたものである。この基本構造は，経験曲線と製品ライフサイクルからなる[23]。これは，最も単純なものでは，市場成長率と市場の相対的シェアという2つの基準をもとに，各事業に対する投資を決定するための指針を与えようとするものである。これにより，企業のトップ・マネジメントが，衰退期にある製品や競争力が弱い製品からの撤退の決定を合理的に行うことが可能になった。こうしてドラッカーが，「われわれの事業は何か」と提示した問題に，戦略的計画やＰＰＭが1つの解決手法として提示された。

2　経営戦略対象の階層化

戦略的計画やＰＰＭはトップ・マネジメントの携わるものとして取り上げられた。そして，「もし大戦略が正しければ，いくらか戦術的失敗があっても企業経営は成功する」[24]と指摘された。しかし，「環境の乱気流 (environmental turbulence)」とアンゾフによって表現されるような状況に対処すべく，戦略の対象が実行段階にまで拡大されることになる。戦略的計画策定は，戦略の中の一要素であり，効果をあげるためには，実行まで含めた「戦略経営」という考え方をすべきである，とアンゾフが指摘するようになる[25]。そして，戦略のレベルは，全社戦略，事業戦略，機能分野別戦略と当初の範囲よりも拡大されることになる[26]。

全社戦略は，基本的にはいかなる事業にあるべきか，つまりドメインの決定や資源展開という問題にかかわる。ドメインの定義とは，「わが社の事業は何か」という問いに答えることである。事業戦略は，全社戦略で選択された事業部門で，いかに競争するかということに焦点をあてる。これは，いわゆる競争戦略である。単一事業を営むことの多い中小企業にとっては，この事業戦略が重要となる。機能分野別戦略は，生産戦略，マーケティング戦略，研究開発戦略，人事戦略など，機能ごとに決定されるものである。

このように，経営戦略対象が階層化されるのは，現場に近いものが現場の情報を多く保有しており，「プランを実行するものがプランを作らなければ駄目だ」[27]という考え方を反映しているからである。

3 競争戦略と中小企業

ポーター（Michael. E. Poter）は，事業レベルにおける競争戦略（事業戦略）の重要性を指摘した。ポーターは「多角化企業そのものが競争するのではない。実際に競争するのは事業部」であり，「成功する企業戦略とは，競争戦略から生まれる」と指摘した[28]。ポーターの指摘する競争戦略は，事業部の戦略であるが，全社戦略の制約を受けるものではなく，独自に戦略を立案する。この競争の基本戦略は，「コスト・リーダーシップ」，「差別化」，「集中」である。

「コスト・リーダーシップ」とは，業界において最も低いコストを実現し，優位に立つことを目的とした戦略である。「差別化」とは，業界の中で，特異だと思われる何かをつくり出すことを目的とした戦略である。「集中」とは，特定の買い手や製品の種類や特定の市場に焦点をあて，経営資源を集中し競争優位を獲得する戦略である。

経営戦略の問題は，当初，大規模化・多角化した企業の効果的・効率的運営が，その対象であった。しかし，事業レベルの戦略（競争戦略）が経営戦略として重要であるということは，単一事業や少ない事業を営む中小企業にとってはことさらそのことがしかりであることを意味する。

4 個を重視する戦略——経営戦略と経営管理の融合

これまでみてきたような経営戦略の議論の核となった戦略的計画やＰＰＭは，分析型戦略論と呼ばれ，経営管理論ではあまり取り上げられなかった外部環境の問題を対象とし，大きな成果をあげた。しかし，分析型戦略論は，「唯一人の『戦略家』つまり企業家がいるだけで，成員はその戦略を自動的に実行するだ

第1章　中小企業における経営管理と経営戦略

けの部品」[29]だと言われるように，組織を構成する成員に対する配慮が低いなどと指摘されるようになった。そして，人や組織の問題の重要性がますます認識されるようになる。

　ミンツバーグ（Henry Mintzberg）は，アンゾフやポーターによって展開された，事前に立案する戦略的計画に対して批判的な立場をとり，「プロセス型戦略」を提唱した。プロセス型戦略とは，企業レベルで事前に戦略が決定されるのではなく，企業活動の過程において，ミドルやボトムレベルからの「創発（emergence）」を重視するというものである。そして，ミンツバーグは，社内のほとんどの社員が戦略家となりうる，と主張した[30]。経営戦略のコンセプトづくりはもちろん重要であるが，それを実現するための具体的実行内容であるコンテントの両方がうまく機能しなければならない。このコンテントを実行し，創造していくのが，現場である。そこで，「現場から戦略を」と言われるように，組織の下部から企業家精神を盛り上げることが重要になる[31]。つまり「行動することで情報が創造され，行動することで，何かが学習できる。こうして得られた情報こそが『生きた』情報で，戦略に魂を吹き込む」[32]ことになる。

　ミンツバーグは，「戦略は作成されるのではなく，形成される」[33]と述べている。そして，組織のメンバーから情報や知識の創造を促すことが，戦略的に重要だと認識されるようになる。例えば，ベルト・コンベアによる大量生産方式を開発したフォード社では，現在組織改革に取り組んでいる。それは，顧客情報が集まる現場に多くの権限を与える逆三角形型の組織へ転換しようという試みである[34]。テキサス・インスツルメント社の会長が「すべての労働者をたんなる労働者としてでなくアイデア源としてみる」[35]と言ったのも，同様の発想であろう。つまり，ピータースとウォーターマン（Thomas J. Peters & R.H. Waterman Jr.）が指摘するように，「超優良企業が超優良であるのは，平凡な人々から非凡な力を引き出す」[36]ことができるからである。そうした組織内の人々の創造的活動が戦略的に重要視されるようになる。

　こうしてみてみると，分析型戦略からプロセス型戦略へと展開する中で，経営管理から経営戦略へと分離し発展し，事態は経営戦略から経営管理へと引き

戻されたともいえよう。

　経営管理や経営戦略は，資本主義経済の発展にともない成長した企業の問題として取り上げられてきた。しかし，これらの問題は，その発展過程で登場した問題とはいえ，大企業だけの問題ではない。それらの問題は，最終的に個人レベルに集約され，中小企業にも適用可能である。そして，経営管理と経営戦略の問題は別々に捉えるのではなく，両者が有機的に融合し，機能しなければならない。

第3節　ネットワーク化の進展と中小企業の経営戦略

1　イノベーションのジレンマと中小企業の戦略

　企業の発展にとって，イノベーションが重要性を持つということは，ことさら言うまでもない。第4章でも多少検討するが，シュンペーター（Joseph A. Schmpeter）がいうように，イノベーションの機会は様々な場面に存在する[37]。イノベーションにおける中小企業の果たす役割について，ドラッカーは『断絶の時代』(1968年）の中で，次のように指摘した。「新しく小さな，これから成長する事業にとっては，大企業はよい環境ではない。最もイノベーションの成果が上がっていないものが，政府主導の大プロジェクトである」[38]。

　また，ハーバード大学のクリステンセン（Clayton M. Christensen）は，実績のある優良企業（特に大企業）が，新たなイノベーションを生み出すことができない要因について，著書『イノベーションのジレンマ』[39]で検討している。クリステンセンは，イノベーションを大きく「持続的技術」と「破壊的技術」に分ける。持続的技術は，既存の製品の性能を向上させるもので，破壊的技術は既存の顧客要求を満たせないが，既存の技術とは違う特徴を持つものである。既存の顧客，市場からすでに大きな売り上げをあげている優良企業は，現在の最高の顧客の意見に耳を傾けることを慣行としている。こうした既存の顧客は，

持続的技術の性能向上を好み，新技術（破壊的技術）を受け入れない。また，優良企業は，こうした技術開発能力を保持しているが，その市場規模が小さすぎ，参入のメリットが得られないと考える。そこで，クリステンセンは，小規模企業の方が，そうした技術開発に適していると指摘する[40]。

これまで，小規模企業は，資金や設備はもちろんのこと，情報量，そこから蓄積された知識の量などの点から不利と考えられていた。しかし，ネットワーク化の進展により中小企業の制約である情報・知識量の問題が克服され，小さいことの機敏性などが逆に強みとなってきている。

2 ネットワークを活用した中小企業の戦略

ピオリとセーブル（Michael J. Piore & Charles F. Sabel）は『第二の産業分水嶺』（1984）の中で，それまでの前提とされていた大企業の効率性を根底から批判し，大企業神話の基礎となっている大量生産，大量消費の限界について論じている[41]。そこで，注目しているのが「第三のイタリア」である。ここでは大量生産に代わってフレキシブル・スペシャリゼーションを原理としており，いずれも規模を大きくしないということをその経営方針としている。そして，小さいことの不利を克服するため，小規模企業群と内外の市場をつなぐネットワークが形成され，情報を共有する「場」が存在している。そして，お互いの企業が下請けを使ったり，下請けになったりという関係をとる。日本の企業においても上下関係を持った下請けから脱却し，対等の立場になる「横請け」という形が注目されてきた。

こうしたネットワークを戦略的に活用することで，個別企業ではできないことを複数の企業が連携して行っている。ネットワークの活用は，資源的な制約の多い中小企業では，この戦略的な効果は大きい。例えば，「独立行政法人工業所有権情報・研修館」[42]のような特許を公開するサイトが登場し，特許流通が促進され，中小企業がこれらの情報を活用しやすくなっている。

大企業におけるイノベーションのジレンマという問題や，ネットワーク化の

進展といった企業を取り巻く環境の変化により，中小企業のイノベーション創出の可能性は，ますます大きくなるであろう。中小企業の経営戦略や経営管理の問題は，これまであまり取り上げられなかった。しかし，これまでのこれらの研究成果は，中小企業にとっても有効である。先に述べたように，経営管理と経営戦略においては，個人の能力を引き出すことが重要である。そういった意味から，経営管理者や経営戦略立案者と現場との距離が近い中小企業にとって，経営管理や経営戦略の理論は，小規模であるがゆえにより効果的なのである。

〔注〕
1) Koontz, Harold, (ed.), *Toward a Unified Teory of management*, McGraw-Hill, 1964, p.2.
2) Taylor, Frederick W., *The Principles of Scientific Management*, The Plimpton Press, 1911.（上野陽一訳・編『科学的管理法』産業能率大学出版部，1969年。）
3) Fayol, Henry, *Administration industreiell et generale*, H.Dunod et E.Pinat, 1916.（都筑　栄訳『産業並びに一般の管理』風間書房，1958年。）
4) テイラーの課業概念は，会計と結びつき標準原価計算などの原価管理，利益管理へと展開する。
5) 塩次喜代明・高橋伸夫・小林敏男『経営管理』有斐閣，1999年，46ページ。
6) 松岡磐木編『経営管理論』有斐閣，1966年，8ページ。
7) Mayo, Elton, *The Humam Problem of an Industrial Civilization*, Viking, 1960.（村本栄一訳『産業文明における人間問題』日本能率協会，1977年。）
Fritz J. Roethlisberger, *Manager and Morale*, Harvard University Press, 1956.（野田一夫・川村欣也訳『経営と勤労意欲』ダイヤモンド社，1968年。）
8) Barnard, Chester I., *The Functions of the Executive*, Harvard University Press, 1938.（山本安次郎・田杉　競・飯野春樹訳（新訳）『経営者の役割』ダイヤモンド社，1968年，67ページ。
9) 同上邦訳書，85ページ。
10) 同上邦訳書，87-95ページ。
11) Maslow, Abraham H. *Motivation and Personality*, Harper and Row, 1970.（小口忠彦監訳『人間性の心理学』産業能率短期大学出版部，1971年。車戸　実編『経営管理の思想家たち』ダイヤモンド社，1974年。）
Herzberg, Frederick I., *Work and the Nature of Man*, Staples, 1966.（北野利

信訳『仕事と人間性』東洋経済新報社，1968年。）
12) Argyris, Chris, *Personality and Organization*, Harper & Row, 1957.（伊吹山太郎，中村　実訳『組織とパーソナリティ』日本能率協会，1970年。）
　Hersey, Paul & Blanchard H. Kenneth, *Management of Organizational Behavior*, Prentice Hall, 1972.（松井賚夫監訳『管理者のための行動科学入門』日本生産性本部，1974年。）
13) 佐藤幸雄・三木信一・中橋国蔵編『新経営管理論講義』中央経済社，1992年，「まえがき」による。
14) Ansoff Igor H., *Corporate Strategy*, McGraw−Hill, 1965, p.118.（広田寿亮訳『企業戦略論』産業能率大学出版部，1969年，147ページ。）
15) Drucker, Peter F., *The Practice of Management*, Harper Brothers', 1964.（野田一夫訳『現代の経営』ダイヤモンド社，1987年。）
16) 同上邦訳書，6ページ。
17) Chandler, Alfred D., *Strategy and Structure*, The M. I. T. Press, 1962, p.1.（三菱経済研究所訳『経営戦略と組織』実業之日本社，1967年，12ページ。）
18) 同上邦訳書，27ページ。
19) 同上邦訳書，377ページ。
20) Ansoff, *op. cit.* p.10.（前掲邦訳書14），13ページ。）
21) Ansoff, *op. cit.* p.10.（前掲邦訳書14），14ページ。）
22) Rumelt, Richard P., *Structure and Economic Perfomance*, Harvard University Press, 1974.（鳥羽欽一郎・山田正喜子・川辺信雄・熊沢　孝訳『多角化戦略と経済成果』東洋経済新報社，1977年。）
23) 大滝精一・金井一頼・山田英夫・岩田　智『経営戦略』有斐閣，1997年，9ページ。PPMの基礎になる「経験曲線効果」とは，累積生産量が倍増するごとに，平均費用は20〜30%減少するというものである。製品ライフサイクルとは，事業や製品には導入→成長→成熟→衰退というライフサイクルがあるという仮定である。どこに位置するかによって資金の流出入が大きな影響を受ける。
24) Scott, Brian W., *Long Range Planning in American Industry*, the American Management Association, 1965, p.68.
25) Ansoff, Igor H., Declerck P. Roger & Robert L. Hayes(ed), *From Strategic Planning to Strategic Management*, Wiley, 1976, p.48.
26) Hofer, Charles W., & Scchendel Dan, *Strategy Formulation*, West Publishing, 1978.（奥村昭博・榊原清則・野中郁次郎訳『戦略策定』千倉書房，1981年。）
27) Peters, Thomas J. & Robert H. Waterman, Jr., *In Serarch of Exellence*, Harper and Row, 1982.（大前研一訳『エクセレント・カンパニー（上）』講談社，1986年,77ページ。）

28) Poter, Michael E., *On Competition*, Harvard Business School Press, 1998.（竹内弘高訳『競争戦略論Ⅰ』ダイヤモンド社，1999年，222ページ。）
29) 奥村昭博『経営戦略』日本経済新聞社，1989年，108ページ。
30) Mintzberg, Henry, *The Rise and Fall of Strategic Planning*, Prentice Hall International, 1994.（中村元一監訳『戦略計画－創造的破壊の時代－』産能大出版部，1997年，79ページ。）
31) 奥村昭博，前掲邦訳書26），142，158ページ。
32) 奥村昭博，前掲邦訳書26），183ページ。
33) Mintzberg，前掲邦訳書30），78ページ。
34) 「NHK」のホームページ(http://www.imr.or.jp/results/nhkspecial/year02/0205.html)による。
35) Peters, Thomas J. & Robert H. Waterman, Jr.（前掲邦訳書27），52ページ。
36) 同上邦訳書，165ページ。
37) Schumpeter, Joseph A., *Capitalism, Socialism & Democracy*, Routledge, p. 83.（中山伊知郎，東畑精一訳『資本主義・社会主義・民主主義』東洋経済新報社，1992年，183ページ。）
38) Drucker, Peter F., *The Age of Discontinuity*, Harper and Row, 1968.（上田惇生訳『断絶の時代』ダイヤモンド社，1992年，62ページ。）
39) Christensen, Clayton M., *The Innovator's Dilemma : When New Technologies Cause Great Firms to Fail*, Harvard Business School Press, 1997.（伊豆原　弓訳『イノベーションのジレンマ』翔泳社，2000年。）
40) 同上邦訳書，193ページ。
41) Piore, Michael J. & Charles F. Sabel, *The Second Industrial Divide : Possibilities for Prosperity*, Basic Book Inc., 1984, p.193.（山之内　靖訳『第二の産業分水嶺』筑摩書房，1993年，193ページ。）
42) 「独立行政法人　工業所有権情報・研修館」のホームページ(http://www.ncipi.go.jp/)による。

（菊池　英貴）

第2章

グローバル化時代の中小企業

第1節　中小企業の国際化

1　企業の「国際化」と「グローバル化」

　1980年代になると日本では,「国際化（internationalization）」という言葉が頻繁に用いられるようになった。近年になると，グローバル化（globalization）という言葉の方が，よく使用されるようになっている[1]。

　一般的に，企業の「国際化」とは，国内から海外へと経営活動を拡大することを指す一方で，企業の「グローバル化」とは，世界規模で経営活動の相互依存関係が進んでいく状態を指している[2]。すなわち，「国際化」は，国内経営から国際経営に至るまでのプロセスを，そして「グローバル化」は，国際経営からグローバル経営へと発展するまでのプロセスを，それぞれ意味しているのである。

　以下では，まず戦後における中小企業の国際化の歴史について概観する。特に国内で生産し，その製品を海外市場で販売する「輸出」から，海外工場で製品を生産し，その製品をその国の市場あるいは他の国の市場に向けて販売する「海外生産」に至るまでの歴史についてみていく。

2 戦後における中小企業国際化の史的展開

(1) 1945年から1960年前後

　1945年から1950年にかけては，戦後の経済復興のために内需が高まり，中小企業が乱立した時期である。しかしながら，食料・物資不足などにより，インフレが続いたため，工業生産は混乱した。このため，政府の経済安定化策にもかかわらず，中小企業は相次いで倒産した[3]。

　1950年に勃発した朝鮮戦争（朝鮮動乱）は，特需をもたらした。特に，中小企業性製品の輸出は，外貨の獲得に大きく貢献した。中小企業性製品は，繊維，日用雑貨，衣類などの労働集約的軽工業製品と，自転車，ミシン，カメラ，双眼鏡などの軽機械工業製品に大別される。労働集約的軽工業製品の国際競争力の源泉は，農村から供給される低賃金の労働力にあった。一方，軽機械工業製品のそれは，戦時経済体制において，軍需機械産業の下請けとして組み込まれていった中小企業が，戦後その設備や技術を民需機械工業に転用したことにある。しかしながら，これらの中小企業は，未熟な国内市場での販売力に乏しかったために，海外販売先との相手先ブランドによる輸出（OEM[4]輸出）に活路を見出し，輸出志向を強めていった。かくして，戦後の復興過程における輸出の担い手として，中小企業は成長していくこととなる[5]。

(2) 1960年代初め～1970年代前半

　日本の輸出は，中小企業による輸出と政府の輸出振興策によって，順調に伸びた。1962年には，輸出総額が104億ドルとなり，100億ドルを突破した。このような成長を受けて，1960年代に入ると，雇用が拡大し始め，次第に労働需給が逼迫し，賃金は大幅に上昇していった。一方，韓国，台湾，香港，シンガポールといった新興工業経済地域（NIEs：Newly Industrializing Economies）は，低賃金の労働力を武器にして，労働集約的軽工業製品の輸出に力を入れ始めた。この結果，労働集約的軽工業製品を生産していた中小企業は，海外市場での国際競争力を弱めていき，輸出総額に占める中小企業性製品の割合も，1960年の

57％から1970年には38％にまで低下していった。これらの企業は，1960年代を通じて，生産合理化や高級化による内需への転換と，近隣のアジア諸国の低賃金労働力を求めて海外進出することで生き延びていった[6]。

1970年代に入ると，低賃金労働力の活用による価格競争力を武器に輸出をしてきた中小企業は，特恵関税制度の実施の決定，ニクソン・ショック，固定相場制から変動相場制への移行により，大打撃をこうむった。これらの中小企業は，軽工業から加工組立型を中心とした重工業へのシフト，輸出向け製品の高付加価値化，アメリカ市場から中近東・アフリカやロシア・東欧諸国への輸出先市場の転換を図った。しかしながら，輸出総額に占める中小企業性製品の割合の低下は止まらなかった[7]。

一方，このような輸出における地位低下にもかかわらず，国内生産額に占める中小企業の割合は，50％強の割合で安定しているという現象がみられた。これは，多くの中小企業が，急激に輸出を伸ばしてきた電気機械や自動車などの大企業の下請けとなり，中小企業の生産した部品が大企業の製品に組み込まれていったために生じた[8]。

また，海外直接投資に対する自動許可限度額が撤廃されるなどの自由化措置の拡大によって，輸出志向の中小企業の中には，低賃金の労働力が豊富に存在し，特恵関税の恩恵を受けられる韓国・台湾などに，生産拠点を設置する動きがみられた。1970年には，10件程度であったが，1972年には178件，1973年には411件，1974年には252件と急増している。この3年間の投資総件数は，841件にも上っており，繊維製品，雑貨，電子部品（の組立）といった労働集約的な業種が，近隣諸国に単独で投資した形態が多かったという特徴がある[9]。

(3) 1970年代半ば～1990年代前後

1970年代半ばから，中小企業による海外直接投資に変化がみられた。それは，機械工業の中小企業の海外直接投資が活発化したことである。これには，2つの原因がある。1つは，発展途上国の政府による現地調達（ローカル・コンテンツ[10]）規制の強化である。それまで，現地での生産は，日本から主要部品の大

部分を輸入して現地で組み立てるノックダウン（knock-down）生産に限定されてきた。しかし，発展途上国の現地政府が，自国の工業化のために，一定比率以上の現地部品調達率を達成することによって，現地製品として認可される現地調達（ローカル・コンテンツ）規制を強めた。もう1つは，欧米先進国との貿易摩擦の激化である。自動車，電子機器，ＯＡ機器などの輸出が急増し，貿易収支の黒字が巨額化したために，欧米の先進国との経済的な関係が悪化した。このような発展途上国および先進国における状況への対策として，機械工業の中小企業が現地生産のための海外直接投資を加速させていった[11]。

さらに，1985年9月のプラザ合意は，中小企業の国際化に多大な影響を及ぼした。この合意による円高（ドル高の是正）によって，中小企業の海外直接投資は激増した。1985年以前は，年300件程度であったものが，1986年には599件と倍増し，1987年には1,063件，そして1988年には1,625件と爆発的に伸びていっている。海外投資全体に占める中小企業の割合も，1985年の31％から毎年10％程度伸び，1989年には60％に達している。しかしながら，バブル経済の崩壊にともなう日本経済の長期低迷を受けて，減少に転じた[12]。

第2節　経済のグローバル化と中小企業

1　経済のグローバル化

今日，「経済のグローバル化」という用語は，「企業のグローバル化」と同じくらい市民権を得ているといえる。「経済のグローバル化」の定義には，様々なものがある。例えば，「①距離のある地点間の経済的相互作用のコスト変化とそうした変化が経済活動の地理的な分布の変化に与える影響，②モノ・カネ・ヒト・情報の移動の活発化」[13] や，「国境を越えた経済活動の飛躍的拡大，国・地域を越えた経済的相互依存の深化，企業経営活動の相互浸透といった現象」[14] といったものである。このように多様な定義がありながらも，経済の重

点が，国境が重要な意味を持っている単一国家の経済から世界全体の経済へとシフトしているということに関しては一致している。そして，東西冷戦構造が崩壊し，貿易障壁や投資規制の撤廃などの制度面での変革がみられ，それまで以上に国境という垣根が低くなった1990年代以降に，経済のグローバル化が一段と進んだと言える[15]。そして，経済のグローバル化が進展する中で，中小企業もグローバル化していくこととなる。以下では，1990年代以降の中小企業のグローバル化について鳥瞰することとする。

2　中小企業のグローバル化

(1)　中小企業のグローバル化の概況

　海外子会社を保有している中小企業（以下，グローバル型中小企業）の割合は，1992年の6.0％から一貫して増加しており，2002年には9.3％に達している。中小製造企業だけをみると，1992年の7.1％から2002年には13.0％となっており，中小企業全体と比べても，割合および伸び率ともに高くなっている。また，地域別でみると，1995年まで中国が増加傾向にあったが，その後は1999年まで全体として減少している。2001年では，北米・ヨーロッパが29.3％，東南アジアが24.8％，中国が17.7％，NIEsが14.9％，その他が13.4％となっている[16]。

　では，地域別に海外直接投資の目的は異なっているのであろうか。図表2－1によると，「安価な製品を輸入し，コスト削減するため」は，中国（66.7％），NIEs（61.8％）で主目的となっており，東南アジアでは進出の主目的である「主力取引先の要請に応えるため（50.8％）」に匹敵する割合（46.2％）を占めている。しかしながら，北米・ヨーロッパでは，わずか17.3％に過ぎず，この地域への進出の主目的は，「海外市場への販路拡大を図るため（67.9％）」となっている。このように，地域によって，進出の主目的の濃淡は異なっている。

　一方，進出地域別の主力販売先は，図表2－2のようになっている。これによると，中国とNIEsでは，「生産品を主に日本に輸出」がそれぞれ，47.8％，41.9％，また，東南アジアでは，「生産品を主に現地日系企業に販売」が52.3％，

さらに北米・ヨーロッパでは「生産品を主に日系以外の現地企業に販売」が46.9％,と最も多くなっている。これは,地域別の海外直接投資の目的と一致した結果となっている。

図表2－1　グローバル型中小企業の海外進出目的（地域別）　　（％）

	中国	NIEs	東南アジア	北米・ヨーロッパ
安価な製品を輸入し,コスト削減するため	66.7	61.8	46.2	17.3
海外市場へ販路拡大を図るため	41.8	46.1	48.7	67.9
主力取引先の要請に応えるため	40.4	32.6	50.8	43.2
生産に携わる従業者を確保するため	17.5	12.4	10.7	1.2
配当又はロイヤルティによる収入を得るため	9.1	7.9	12.2	11.1
余剰設備を海外で有効利用するため	8.1	5.6	5.1	2.5
海外の高い技術力を吸収するため	1.1	1.1	0.0	8.6

（注）　複数回答のため,合計は100％を超える。
（原資料）　（財）中小企業総合研究機構・独立行政法人経済産業研究所『中小企業海外活動実態調査』2003年。
（資料）　『中小企業白書』（2004年版），133ページの第2－2－8図を修正。

図表2－2　グローバル型中小企業の現地法人の主力販売先（地域別）　（％）

	中国	NIEs	東南アジア	北米・ヨーロッパ
生産品を主に日本に輸出	47.8	41.9	27.3	18.5
生産品を主に現地日系企業に販売	28.6	22.6	52.3	33.3
生産品を主に日系以外の現地企業に販売	17.7	26.9	6.8	46.9
生産品を主に第三国に輸出	5.9	8.6	13.6	1.2
合計	100.0	100.0	100.0	100.0

（注）　海外現地法人での生産品の主な仕向先について,尋ねたもの。
（原資料）　（財）中小企業総合研究機構・独立行政法人経済産業研究所『中小企業海外活動実態調査』2003年。
（資料）　『中小企業白書』（2004年版），133ページの第2－2－9図を修正。

(2) グローバル型中小企業の特徴

以上では，中小企業のグローバル化の概況をみてきた。ここでは，グローバル型中小企業の特徴を，海外子会社を保有していない企業（以下，国内型中小企業）との比較の観点から明らかにしていく。

まず，自己資本比率の水準からみたものが，図表2－3である。これによると，グローバル型中小企業の方が，国内型中小企業よりも，自己資本比率が高くなっている。自己資本比率は，企業の財務の安全性を示す指標であり，これが高いほど，投下資本の自由度が高くなる。これを反映して，国内投資よりもリスクが高い海外直接投資を実施しているグローバル型中小企業の方が高くなっている。

次に，労働生産性についてみてみる。図表2－4によると，グローバル型中

図表2－3　中小企業の自己資本比率　　　　　　（％）

	グローバル型中小企業	国内型中小企業
上位25％値	46.5	41.3
中　央　値	27.9	22.7
下位25％値	14.4	9.9

(注)(1)　常時従業者300人以下の企業のみ集計。
　　(2)　自己資本比率＝自己資本／総資産。
(原資料)　経済産業省『企業活動基本調査（2002年）』2002年，再編加工。
(資料)　『中小企業白書』(2004年版)，138ページの第2－2－22図を修正。

図表2－4　中小企業の労働生産性　　　　　　（百万円）

	グローバル型中小企業	国内型中小企業
上位25％値	8.8	7.4
中　央　値	6.6	5.6
下位25％値	4.9	4.2

(注)(1)　常時従業者300人以下の企業のみ集計。
　　(2)　労働生産性＝付加価値額／常時従業者数。
　　　　ここでは，付加価値額＝営業利益＋減価償却費＋給与総額としている。
(原資料)　経済産業省『企業活動基本調査（2002年）』2002年，再編加工。
(資料)　『中小企業白書』(2004年版)，138ページの第2－2－23図を修正。

小企業の方が,国内型中小企業よりも,労働生産性が高くなっている。労働生産性が高いということは,グローバル型中小企業は,優れた製品・生産技術といった,独自の経営資源を保有していると言えよう。

さらに,研究開発集約度と広告宣伝集約度をあらわしたものが,図表2-5である。研究開発集約度では,グローバル型中小企業の方が,国内型中小企業よりも2倍以上も高くなっている。特に,北米・ヨーロッパに海外子会社を保有しているグローバル型中小企業は,国内型中小企業の4倍となっている。一方,広告宣伝集約度でも,国内型中小企業よりも,グローバル型中小企業の方が高くなっている。そして,この集約度でも,北米・ヨーロッパに海外子会社を保有しているグローバル型中小企業と国内型中小企業との差が大きく,2倍以上となっている。

以上のことから,グローバル型中小企業は,独自の優れた経営資源(カネ・モノ・ヒト・情報)を保有しており,それらを海外に移転して,活用しているということがわかる。これは,多国籍企業理論の始祖であるハイマー(Stephen

図表2-5　中小企業の研究開発集約度と広告宣伝集約度(製造業)　(%)

	グローバル型中小企業		国内型中小企業
	海外子会社 (北米・ヨーロッパ)	海外子会社 (アジア)	
研究開発集約度(平均値)	2.4	1.3	0.6
広告宣伝集約度(平均値)	0.7	0.4	0.3

(注)(1)　常時従業者300人以下の製造業の平均値を比較している。
　　(2)　研究開発集約度=(自社研究開発費+委託研究開発費)/売上高
　　　　広告宣伝集約度=広告宣伝費/売上高
　　(3)　研究開発集約度については,海外子会社ありの企業(グローバル型中小企業)と海外子会社なしの企業(国内型中小企業)で統計的に有意な差が存在している(括弧内,筆者)。
　　　　また,広告宣伝集約度については,北米・ヨーロッパに海外子会社ありの企業(グローバル型中小企業)と海外子会社なしの企業(国内型中小企業)で統計的に有意な差が存在している(括弧内,筆者)。
(原資料)　経済産業省『企業活動基本調査(2002年)』2002年,再編加工。
(資料)　『中小企業白書』(2004年版),139ページの第2-2-25図を修正。

Hymer）[17]が明らかにした企業の多国籍化の基本原理である。すなわち，企業が，優れた経営資源を保有している場合，それを海外で活用して，現地企業よりも大きな収益をあげようと行動するというものである。よって，優れた経営資源を保有しているグローバル型中小企業ほど，海外直接投資を行っているのである。

最後に，企業の生み出した付加価値に占める人件費の負担率である労働分配率についてあらわしたものが，図表2－6である。これによると，アジアに海外子会社を持つグローバル型中小企業が最も高い一方で，北米・ヨーロッパに海外子会社を持つグローバル型中小企業は最も低くなっている。このことから，労働分配率が高ければ高いほど，人件費負担が高くなるので，アジアに低コスト労働力を求めて進出していることがわかる。これは，ハイマーとともに多国籍企業理論の先駆者であるヴァーノン（Raymond Vernon）[18]のプロダクト・ライフサイクル理論的なグローバル戦略である。製品のライフサイクルが，新製品段階から成熟期段階という段階を経て，最終的に標準化段階に達すると，価格のみが競争の焦点となる。このため，企業は低賃金労働力の活用を目的として，発展途上国に生産拠点を移転するようになる。よって，標準化した製品をもつグローバル型中小企業は，アジアに海外子会社を保有するようになっているのである。

図表2－6　中小企業の労働分配率（製造業）　　（％）

グローバル型中小企業		国内型中小企業
海外子会社 （北米・ヨーロッパ）	海外子会社 （アジア）	
80.6	83.7	82.0

（注）(1)　常時従業者300人以下の企業のみ集計。
　　　(2)　労働分配率＝給与総額／付加価値額
　　　(3)　アジアに海外子会社を保有している企業（グローバル型中小企業）と海外子会社なしの企業（国内型中小企業）で統計的に有意な差が存在している（括弧内，筆者）。
（原資料）　経済産業省『企業活動基本調査（2002年）』2002年，再編加工。
（資料）　『中小企業白書』(2004年版)，139ページの第2－2－24図を修正。

第3節　中小製造企業のアジア展開

1　生産拠点としてのアジア

　機械振興協会経済研究所が，機械金属系（電気機械器具製造業，輸送用機械器具製造業，精密機械器具製造業，一般機械器具製造業，金属製品製造業）の中小企業（資本金3億円未満）500社に対して，2002年に実施したアンケート調査によると，何らかの形で（原材料の輸出入，事務所の設立，販売子会社の設立，製造拠点の設立，技術者の派遣および受け入れ等々）で，海外展開を行っている中小製造企業の進出先としては，中国が106件と圧倒的であり，次いで，韓国が43件，アメリカが40件となっており，2倍以上に上っている[19]。

　また，アジア地域に生産拠点（独資工場・合資工場・生産委託先）を保有している中小製造企業において，自社の生産金額全体に占めるアジアでの生産比率は，現在23.3％となっている。今後の見通しについては，1年先では27.0％，そして3年先では32.5％となっている。さらに，生産拠点として今後，最も積極的に活用したい国や地域においては，中国が31件と最も多くなっている[20]。

　このように海外進出先，特に生産拠点としては，現在そして今後も中国が最重視されていることがうかがえる。以下では，日本とアジアの中小製造企業の技術力と日本中小製造企業のアジア戦略についてみていく。

2　中小製造企業の技術力

（1）　日本中小製造企業の技術力

　日本中小製造企業は，どのような技術を自社が最も得意とする技術と考えているのであろうか。機械振興協会経済研究所（2003）によると，「マシニングセンター（MC）による加工（28件）」，「ＮＣ旋削加工（22件）」，「設計（17件）」，「ＮＣフライス加工（13件）」，「電子・電気組立（13件）」となっており，工作機

を駆使した加工技術が上位を占めている。また，他の加工技術分野としては，「抜き打ちプレス加工（7件）」，「溶接（6件）」，「冷間鍛造（5件）」となっている。以上のことから，日本中小製造企業が最も得意としている技術は，機械加工分野，プレス加工分野，溶接分野，設計分野，組立分野の5つに分類される[21]。

　一方，空洞化が始まっている技術については，「鋳造（19件）」が，最も多く，次いで「ＮＣ旋削加工（15件）」，「電子・電気組立（15件）」，「ＭＣによる加工（13件）」，「溶接（13件）」，「樹脂射出成形（12件）」，「プラスティック成形用金型（12件）」，「ＮＣフライス加工（11件）」，「抜き打ちプレス加工（11件）」となっている。以上のことから，自社が最も得意とする技術とすでに空洞化が始まっている技術とが重複している傾向が読み取れる。これは，得意な技術が国際競争力のある技術と必ずしもなっていないことを意味している。すなわち，日本中小製造企業は，得意な技術分野でのアジアの中小製造企業との競争に直面しており，新しい技術戦略が必要となっているのである[22]。

　では，どのような技術戦略を模索しているのであろうか。日本国内に残すべき技術については，「設計（28件）」が最も多かった。次いで，「超精密金型（16件）」，「精密金型（11件）」，「メッキ処理（10件）」，「電子・電気組立（10件）」，「ＭＣによる加工（8件）」，「絞りプレス加工（8件）」となっている。

　「設計」と回答した企業は，アジア規模での生産分業体制が進展する中で，設計は日本，加工・組立はアジア，というモノづくりの工程間分業を意図していると思われる。一方，「超精密金型」，「精密金型」と回答した企業は，モノづくりにおける日本とアジアとの技術水準の違いに注目して，高度な技術を日本に残して生き残る戦略をとろうとしていると考えられる[23]。

(2) アジアの中小製造企業の技術力

　日本中小製造企業は，アジアの中小製造企業の技術力について，どのように評価しているのであろうか。図表2－7は，日本中小製造業からみたアジアにおける中小製造業の技術力を現在と3年後とで評価したものである。これによ

図表2－7　アジアにおける中小製造企業の技術力評価

	現在	3年後
台　　湾	−0.78	−0.39
韓　　国	−0.8	−0.25
中　国（華南）	−1.38	−0.33
中　国（華東）	−1.41	−0.58
中　国（華北）	−1.48	−0.52
シンガポール	−0.83	−0.33
マレーシア	−0.92	−0.58
フィリピン	−1.45	−1.09
インドネシア	−1.64	−0.91
タ　　イ	−1.14	−0.64
ベトナム	−1.45	−1
その他のアジア	−1.36	−1.1

(注)　＋2点：日本よりもかなり技術力は高い
　　　＋1点：日本よりも技術力は高い
　　　　0点：日本と同等の技術力をもっている
　　　−1点：日本よりも技術力は低い
　　　−2点：日本よりも技術力はかなり低い
(資料)　機械振興協会経済研究所『アジア規模のモノづくりと中小製造企業の競争力――中小製造業の潜在力を如何に発揮するか――』2003年，52ページの図表2.15を修正

ると，現時点そして3年後においても，評価がプラス，すなわち日本よりも技術力が優れている国は存在していない。しかしながら，3年後に関しては，総じて日本との技術の差は縮小している。特に，中国の華南地域においては，現時点でトップクラスであったシンガポールと，同レベルに達している。

3 日本中小製造企業のアジア戦略

以上のように，アジアの中小製造企業が，日本中小製造企業の戦略的な生産拠点となり，急激に技術レベルを向上させている中で，日本中小製造企業は，どのようなアジア戦略を模索しているのであろうか。

図表2-8をみると，「アジア展開はせずに他社が追随できない技術により国内でのモノづくりに徹する (39.3%)」，「アジア企業・日系企業から国内で仕事を受注し生産活動の殆どを国内で行う (9.5%)」と回答した企業は，国内に生産活動の中心を置く企業とは言え，48.8%を占めている。一方，「主要取引先のアジア展開及び指導の下でアジアでの生産拠点化を行う (16.7%)」，「アジア生産拠点は持たないで，アジア企業・日系企業への技術供与・生産委託を行う (15.5%)」，「国内では企画・開発・設計に重点を置きモノづくりの殆どをアジア地域に移管する (13.1%)」，「国内の中小企業同士のネットワークを活用しながら何らかのアジア展開を行う (9.5%)」と回答した企業は，アジアに生産活動の中心を置く企業とは言え，54.8%に達している。なお，「既存のアジア

図表2-8　日本中小製造企業のアジア戦略　(%)

アジア生産拠点は持たないで，アジア企業・日系企業への技術供与・生産委託を行う	15.5
主要取引先のアジア展開及び指導の下でアジアでの生産拠点化を行う	16.7
国内の中小企業同士のネットワークを活用しながら何らかのアジア展開を行う	9.5
国内では企画・開発・設計に重点を置きモノづくりの殆どをアジア地域に移管する	13.1
アジア企業・日系企業から国内で仕事を受注し生産活動の殆どを国内で行う	9.5
既存のアジア生産拠点を縮小・撤退しアジア地域には商社機能のみを残す	0
アジア展開はせずに他社が追随できない技術により国内でのモノづくりに徹する	39.3
そ　の　他	10.7
無　解　答	14.3

(注)　回答は2つ以内（複数回答のため，合計は100%を超える（括弧内，筆者））
(資料)　機械振興協会経済研究所『アジア規模のモノづくりと中小製造企業の競争力——中小製造業の潜在力を如何に発揮するか——』2003年，56ページの図表2.16を修正

生産拠点を縮小・撤退しアジア地域には商社機能のみを残す」と回答した企業はない。

　以上のことから，日本中小製造企業は，生産活動の中心を国内もしくはアジアのいずれに置くにしても，アジアの中小製造企業との連携を前提としたアジア戦略を念頭に置いていると言える。

〔注〕
1 ）　川上義明「現代企業のグローバル化に関する検討——グローバル企業：その推論——」『福岡大学商学論叢』第48巻第 2 号，2003年，182－183ページ。
2 ）　浅川和宏『グローバル経営入門』日本経済新聞社，2003年，5 ページ。
3 ）　青山和正『新版・解明中小企業論——中小企業問題への多面的アプローチ——』同友館，2001年，106ページ。
4 ）　Original Equipment Manufacturing の略で，完成品もしくは半完成品を相手先ブランド名で生産することを指す。一般的に，海外市場に参入する場合に利用されやすい（野村総合研究所『経営用語の基礎知識』ダイヤモンド社，2001年，73ページ。）。
5 ）　清成忠男・田中利見・港　徹雄『中小企業論』有斐閣，1996年，149－150ページ。
6 ）　同上書），151ページ。青山，前掲書 3 ），107ページ。
7 ）　同上書），151－152ページ。青山，前掲書 3 ），107－108ページ。
8 ）　同上書），151－152ページ。青山，前掲書 3 ），108ページ。
9 ）　同上書），154ページ。青山，前掲書 3 ），108－109ページ。
10）　目的としては，貿易赤字の削減，技術移転の促進，雇用の増大などがある（茂垣広志「国際経営管理の特徴」竹田志郎編著『新・国際経営』文眞堂，2003年，3 ページ。）。
11）　清成，前掲書 5 ），155－156ページ。青山，前掲書 3 ），109ページ。
12）　青山，前掲書 3 ），110ページ。
13）　経済産業省『通商白書』(2002年版）ぎょうせい，2002年，3 ページ。
14）　岩本武和・奥　和義・小倉明浩・金　早雪・星野　郁『グローバル・エコノミー』有斐閣，2001年，172ページ。
15）　川上義明，前掲論文 1 ），7 ページ。
16）　中小企業庁『中小企業白書』(2004年版）ぎょうせい，2004年，130－133ページ。
17）　Hymer, Stephen, *The International Operations of National Firms : A Study of Direct Foreign Investment*, Doctoral Dissertation, MIT Press, 1960 (pub. in 1976).（宮崎義一編訳『多国籍企業』岩波書店，1978年。）
18）　Vernon, Raymond, International Investment and International Trade in the

Product Cycle, *The Quarterly Journal of Economics*, Vol. LXXX, 1966.

Vernon, Raymond, Location of Economic Activities, Dunning, J. H. (ed), *Economic Analysis and the Multinational Enterprise*, George Allen and Unwin, 1974.

19) 機械振興協会経済研究所『アジア規模のモノづくりと中小製造企業の競争力——中小製造業の潜在力を如何に発揮するか——』2003年, 35ページ。
20) 同上書, 36-38ページ。
21) 同上書, 39ページ。
22) 同上書, 47ページ。
23) 同上書, 43ページ。

(遠原　智文)

第3章

中小企業における人材開発（戦略）

はじめに

"企業は人なり"というが，この言葉はいつの時代にも企業経営者にとって普遍的である。有能な人材を確保し，効果的に活用することは，企業の存続・発展の大きな要因である。近年のように激しく経営環境が変化する中においては，経営環境の変化に対応した経営戦略を策定することが重要となる。その戦略の中でも，企業の存続・発展の要となるのは有能な人材の確保と育成である。特に中小企業は人材の確保が難しいため，有能な人材が集まる魅力ある企業経営を行い，企業成長に貢献できる有能な人材確保が必要となる。そのためにも企業経営者が戦略的な人材開発を行うことが重要である。

第1節 人的資源と企業成長

1 人的資源

企業経営にとっての経営資源として，ここでは従来からのヒト（man），モノ（material），カネ（money）に，情報（information）を加えて考える。起業家が，カネ（資本）を調達し，ヒト（従業員）を雇い，モノ（設備や原材料など）を買い揃え，生産を始め，販売をし，企業活動を行う。必要な情報を得ながら，利益を上げ，起業した企業を存続・発展させる。ヒトはその企業活動の原点であり，ヒトつまり人的資源なくして，企業活動は成立しない。ドラッカー（Peter F.

Drucker) は「人的資源，すなわち人間こそ，企業に託されたもののうち，最も生産的でありながら，最も変化しやすい資源である。そして最も大きな潜在的な力をもつ資源である」[1)]と言っている。

　経営者は，企業活動のために，有能な従業員を雇い，収益を上げるための戦略を策定し実行する。その実行にあたっては大きな収益を上げることもあれば損失をこうむることもある。利益を上げるためには潜在能力のある有能なヒトを採用し，その企業にあった従業員として育て，能力を発揮できるようにする。近年のように経営環境が激しく変化し，経営にスピード化やグローバル化が要求される時代には，最も大きな潜在能力を持つ人的資源を確保し，有効活用することが不可欠である。そのためには環境の変化にともなった人的資源の活用戦略を策定し，企業を存続発展させることが重要である。

2　企業成長

(1)　企業成長と信頼・信用

　企業として，能力，人柄ともに優れた人的資源を確保することは，企業が存続・発展するための課題である。しかし，実際には有能でない従業員を抱え込むことや組織改革などで余剰人員が発生することもあるだろう。その対策として，人材育成のための再教育や関連先への出向などを行いながら，強い企業に成長させていく。

　企業という組織は，個人の集合体である。有能で社内外において信頼のおける個人が多く存在し，その各々の個人が能力を発揮することで，個人の集合である組織としての企業が成長する。すなわち有能で社内外において信頼のおける個人が集団となり，その能力を発揮できる環境を整備することで強い企業に変貌する。製造業においては，有形としての優れた製品と製品を作る熟練した優秀な従業員および支援スタッフがいることで，企業全体が高く評価され，企業全体の信頼や信用につながる。優れた製品はもとより，信頼や信用に結びつく従業員の存在が企業発展に不可欠な要素である。また，サービス業のような

無形のものを提供している企業では対人能力が重要な要素である。顧客のニーズや周囲の状況を察する能力をどれだけ養っているかである。例えば，ホテルのようなサービスを主に提供している企業では，顧客満足（ＣＳ：Customer Satisfaction）を向上できる従業員がいかに多くいるかである。

　このように優れた製品をつくるのもヒト，優れたサービスを提供するのもヒト，市場に製品を送り出すのもヒト，そうした活動を社内で支援するのもヒトである。このように企業成長とヒトは強く結びついている。

(2) 経営環境の変化と企業成長

　これまでの日本的経営の特徴としてあげられた終身雇用や年功序列は，産業構造の変化，情報処理技術の革新，人口構成の変化，グローバル化など，企業を取り巻く経営環境の変化にともない，雇用形態の多様化が起こっている。有能な人材を確保するために，これまでの新卒一括採用から中途採用の即戦力となる人材確保へ重点を移している企業がある。一方では，これまでの年功序列や終身雇用を見直す企業もある。企業がどのような人材を求め，どのような人材開発をしていくか，人材に関してもその企業の独自性が問われている。いずれにしても優れた人材を確保するために経営環境の変化をチャンスと考えて生かし様々な雇用形態を組み合わせて企業の発展につなげていくことが今後の企業成長に繋がるであろう。

第2節　人　材　開　発

1　人材と人材開発戦略

　人材は人の材と書くが，たしかに企業成長のための資源であり，自社にとっての大切な宝である。すなわち，資源として採用した人材を育成し，宝にするのである。「人材は人の宝，すなわち財産である」と考えると，人材は「人財」

となる。近年，企業によっては，人財が経営戦略と直結していることから，人事部と言っていた部署を，例えば経営管理本部人財部としているところもある。

"人材"それは，企業経営にとって不可欠の存在である。どのような人を採用するかが，その企業の継続・発展に影響する。すなわち企業成長は，採用した人に委ねられている。そのため，採用する側も優秀な人材を確保するために全力をつくさざるを得ない。一旦採用すると，能力がないという理由で簡単に解雇することはできない。したがって潜在能力があり，自社の目標とする課題に挑戦できる人材を採用する必要がある。採用後は，潜在能力のある人材を自社の目標に沿って教育を施し，潜在能力を最大限に発揮させ，自社に貢献できる人材を育成する。自らが考え，遂行できる力を養うように人材開発を行わなければならない。

このように優れた人材の確保が企業経営にとって，最も重要な課題である。せっかく採用した人材を，自社の経営戦略の目標設定に合わせ，どのような能力を発揮させるか，すなわち採用した潜在能力のある人材をどのようにして人財にするかである。そこに企業として人材育成にどう取り組むかという企業経営者の経営戦略があり，そのための戦術を具体化して，遂行し，いかに有能な人財に育て上げるかという経営戦略がある。ここに人材開発という戦略が存在する。こうした人材開発戦略がしっかりしているか否かが，そのまま企業の成長に結びついていく。

こうして経営戦略に合わせて，採用し育成した人材を職場に定着させていくという課題が生じる。特に中小企業の場合は，採用人数が少ないことや，人材育成のためのノウハウがなかったり，教育する人材がいないなどの弱点がある。こうした弱点をどのように解決するかである。

2　人材開発と人材育成法

これまでの人材開発の中心は，ＯＪＴ (On the Job Training) と呼ばれる職場内教育，Ｏｆｆ－ＪＴ (Off the Job Training) と呼ばれる職場外教育，それに自

第3章 中小企業における人材開発（戦略）

己啓発の3つである。企業はこれらの人材開発法を駆使して，新たに採用した従業員に新入社員研修を施し，それぞれ適正な部署に配属する。その後，中堅社員研修，管理者研修などの階層別研修や人事労務・経理などのスタッフ教育，技術者教育，販売・営業員教育などの職能別研修など多種多様な人材開発プログラムがある。研修後は適切なフォローが重要であり，マインドとスキルの両面から人材を育成し，専門能力の開発と個人の成長が必要となる。また，研修だけでなく資格の取得を支援したり，奨励金を給付するなどの能力開発を行う企業もある。

　このような研修制度などが整備され，組織的に研修が行われていればよいが，中小企業においては，企業全体の従業員数が少なく，採用人数が少ないことから，すべてＯＪＴだけであったり，他の教育機関が開催する研修に出したり，逆に研修をしてもらえる講師にその期間だけ来てもらうＯｆｆ－ＪＴなど，企業規模や採用人数によって様々である。また，研修を担当する部や課がなかったり，研修を担当する人材がいなかったり，あるいは研修の時間や経費を負担する余裕がないなど，様々な事情があるため，ＯＪＴで行うことが多い。

　ＯＪＴで人材開発を行う際には，実際に日常の仕事をしながら仕事を覚えるため，教育内容だけでなく，教育を行う担当者の人間性や人柄などが重要となる。通常は従業員がＯＪＴの指導を担当することから，ＯＪＴを行う従業員は日頃から他の従業員に尊敬されていることが必要である。ＯＪＴを行う担当者の資質や一生懸命さや熱意なども問われ，担当者自身が新入社員の立場を十分に理解し相手を尊重した上で，指導を行うことである。さらに，日頃の行動に模範を示すことや教育に関連した職務能力の高さが担当者自身にも求められる。

　Ｏｆｆ－ＪＴではＯＪＴと異なり，社内外の講師による社内での研修会や外部の講習会に参加する形式のものなどがある。いずれにしても専門家がそれぞれの分野に必要な教育・指導を従業員に対して行う。Ｏｆｆ－ＪＴの研修方法には講演や講義だけでなく，ディスカッション，ロールプレイング，ビデオ，ゲーム，e-Learning　など，多くの方法がある。特に外部講師の場合は，社内での講義が一過性のものであるため，その場限りであるが，内部講師の場合は，

上述のOJTと同様に指導者が他の社員から尊敬され，模範でなければならない。外部講師の場合と異なり，内部講師の場合には日常の言動にまで留意する必要があると言えよう。こうしたOff-JTを行う際の講師は，研修の目的を十分に把握した上で，どのような方法で研修を行うのが一番効果的かを検討し，遂行する。また，研修の目標達成のためには，研修依頼者と十分な打ち合わせを行う必要がある。

こうした教育体系がきちんと整備されている企業では，体系的なセミナーや研修制度がある一方，自らが不十分であると感じるスキルや能力を自発的に高めるために自己啓発が必要である。自己啓発は入社後も自らが学びつづけるという点で大切であり，企業によっては自己啓発に対する種々の支援制度を設けているところもある。これから成果主義や能力主義の時代になってくると，自己負担してでも高度な専門技術や知識を習得するために自己啓発を行う心がけも必要となるであろう。

第3節　日本的経営と雇用の変化

1　終身雇用と少子高齢化

企業経営者は，その時代ごとに経営環境の変化に対応した経営戦略をとり，人的資源を活用してきた。また，日本企業においては，新卒一括採用から定年退職まで同一の企業に勤める終身雇用制が広く普及してきた。

今後，人口構造の変化にともなって少子高齢化が進むと，労働者の不足が予想される。特に団塊の世代と言われる世代が大量に定年期を迎えるいわゆる「2007年問題」では，労働者，中でも熟練労働者の不足が予想される。熟練労働者には，経験からくる「直感」がある。こうした優秀な熟練労働者不足を補うためには，高齢者の再雇用や定年延長などの方策が考えられる。熟練労働者を定年後に再雇用することで，熟年労働者に定年後の生きがいを提供できるだ

けでなく，若者に「技術を伝承」する機会も確保できる。これまで熟年労働者に蓄積された「知識・経験・技術を若者にどう伝承するか」である。

また，少子化に対応した方策としては，定年後の再雇用，高齢者の採用，女性の採用（育児後の再雇用を含む），外国人の採用など，多様な雇用形態がある。なお，女性を採用するには，女性が働きやすい環境を整備する必要があろう。

2　年功序列と人材開発

年功序列はある種の終身雇用制のもとで，経験が長いほど技能が熟練し，優秀になるという前提で機能する雇用制度である。しかしながら，これまでのように3月卒業の学生を4月新卒一括採用し企業内教育で時間をかけて育てていた時代から，必要な時に即戦力となる人材を採用する中途採用など，多様な採用に切り替わりつつある。その結果，雇用の流動化にともなって容易に転職，転社する可能性が高くなり，せっかく教育しても教育が終了すると同時に退職されてしまう可能性が高く，教育に経費と時間をかけるリスクを取る余裕がなくなってきている。そのため特定の企業における勤続年数と職務能力の間の関係が希薄になってくる。

そうした中で能力を発揮できるようになった労働者が簡単に転職して他に移らないようにすること，そのためにはやりがいや達成感を実感できる職場環境を維持することも重要であろう。

3　雇用形態の多様化と雇用の流動化

(1)　雇用形態の多様化

経営環境を取り巻く変化により，雇用の流動化や雇用形態に変化が生じている。バブル崩壊後の経済不況により給与という固定費を抑えるために正社員よりも非正社員を増やすことで業務を行ってきた。正社員にしても，これまでの新卒一括採用に加えて，即戦力を求めて，中途採用が増える傾向にある。また，

正社員以外にも，契約社員，派遣社員，パートタイム，アルバイトなどの様々な雇用形態の労働者が渾然一体となって仕事をすることになる。そうしたことを前提にして，必要な時に必要な人材を必要な場所に配置する，つまり，"適時適材適所"が重要な戦略となる。不要な人材を抱え込むことがないように計画的に採用することである。

　新卒一括採用では，内定の段階から新入社員教育を行う企業がある。また，新卒派遣社員は派遣元でビジネスマナーなどの新入社員研修を受けてから派遣されることもある。企業によっては正社員に加えて，複数の派遣元から派遣された派遣社員，契約社員，アルバイト，パートタイムなどが混在している。こうした非正規社員を経て，有能な経験者を正社員へ採用することもある。

　即戦力を得るために中途採用した人材は，職種によっては特に教育を行う必要がないか，または軽微な教育で済むことがある。中途採用を行うか，新卒採用で新人教育を行うかの判断は潜在能力を有する人材を見抜く採用担当者の見識と判断によることになるが，採用担当者自身の採用能力に限界がある場合もある。そうした場合には，優秀なヒトを採用するために，採用を専門にした企業に従業員の採用をアウトソーシングすることもある。

(2) 雇用の流動化

　これまでのような終身雇用という雇用形態を採用している企業において，そのままでは企業が存続できないとなると，従業員の積極的な調整を行うことになろう。どこの企業でも自分を活かせるような能力のある人材は，1つの企業にとどまらなくなり，自己実現のために転職を繰り返すことになるであろう。つまり雇用の流動化が進むのである。そうなると，これまで言われていたような企業に対する帰属意識や忠誠心なども希薄になる可能性がある。このような帰属意識や忠誠心は就職してから数年を経て顕在化するものなので，年功序列や終身雇用の時代には有効であったことが，雇用の流動化が進むにつれて希薄になるであろう。

　一方，従業員の立場からこうした変化をみると，人は自分の「自己実現」の

ために，入社後の企業において自分を活かされていないと感じたり，所属している企業の魅力が少ないと感じると，次の企業を求めて転職を選択することになる。また，企業としてもこれまでのような能力がない従業員をいつまでもおいておくような余裕がないためリストラを行い，従業員数を調整することになるであろう。

(3) 新しい雇用環境における課題

中途採用が始まると職場内には，これまでの新卒一括採用された社員と中途採用された社員が混在することになる。新卒一括採用時に行っていた研修と中途採用の社員のための研修を同時にはできない。それぞれに教育が必要になり，教育に必要な時間と経費が従来よりも増える。しかも採用形態が異なる従業員の人材開発は困難になる。採用人数の少ない中小企業では，このような教育にかかる時間や経費を考えると，職種によっては研修が不要で即戦力となる有能な人材の中途採用による確保も考慮に値するであろう。

一時的に労働力が必要なときには期間を限定した契約社員や派遣会社から派遣された人材を活用することもできる。派遣会社から従業員を派遣してもらう場合には，派遣元の企業の社員教育の影響を受けるであろう。また様々な身分や所属の従業員が混在することで人間関係が複雑になる可能性もある。

雇用の多様化が進むと，組織の中では，何度も転職するスペシャリストやこれまでのように定年まで在職する従業員が混在することになる。また，年功序列や終身雇用といったこれまでの日本的経営の特徴に加えて，能力主義，成果主義による年俸制の雇用も混在する。これからの企業は自社の経営戦略のもとに，企業の目標達成のための多種多様な雇用形態を選択することが求められる。また従来の日本的経営をそのまま継続する企業，一部残す企業，あるいは複雑に制度を混在させる企業など，多種多様な雇用形態を組み合わせ，自社の目的に即応した選択をすることになろう。

4 能力主義，成果主義

　日本的経営の特徴とされていた終身雇用や年功序列といった従来から運用されてきた雇用慣行に加えて，近年の経済不況などの影響により，企業によっては成果主義や能力主義が導入されてきた。
　これまでの日本的経営にはあらゆる部署に精通する生え抜きのゼネラリストの存在があり，今後，能力主義や成果主義が導入されると，スペシャリストと言えるような特定分野に専門性を持つ人材が出現するようになる。スペシャリストはどの会社でも通用する専門知識や技能を持つため，一箇所の企業にとらわれることなく，自分の能力を武器に企業を渡り歩く。その結果，スペシャリストとゼネラリストを効果的に混在させることで，強い企業になるであろう。
　能力主義や成果主義が導入されることで，これまでの年功序列は薄れてくる。それにともなって能力や実績を重視した新たな給与体系，能力主義や成果主義による年齢の逆転現象が加速するであろう。つまり，有能な若者や女性が登用されることで，職場内では自分よりも若い上司や女性の上司が誕生する。あるいは年齢と年収が逆転する現象も顕著になろう。そうした中で，従業員は自分自身の市場価値を高めることが重要である。一方では，能力主義や成果主義になると，評価をきちんとできる人材の存在が必要であろう。

第4節　求められる人材と定着性

1　求められる人材

(1) 信頼できる人材

　工業製品などでは，製品自体が優れ，さらに開発から販売までの担当者が顧客満足を与えられればよいが，サービス業のような分野では担当者の「人」に消費者は魅力を感じる。つまり担当者が職場内において顧客の信頼や信用を得

ることが企業成長につながる。そのためには，ひとりでも多くの信頼できる有能な人材が必要である。従業員として専門の知識や技能などの優れた能力を持ち，独創性や創造性があり，かつ社内においては信頼・信用といった人望が厚く，社外においても顧客から信頼・信用されることが重要である。経営者はこのような従業員を育成するために開発戦略を立て，人材開発を行い，顧客満足ができると同時に従業員が満足できる職場環境を整える。

(2) 即戦力になる人材

終身雇用や年功序列が見直されている現在，従来どおりの雇用慣行が維持されている職場環境においても，社内において有能な従業員とみなされることは意味がある。社内研修などで日々新しい技術や知識を習得するとともに自己啓発に励み，つねに戦力になる従業員として評価されることが望まれる。リストラの対象とならないように，必要とされる人材であること。そのためには，入社後も自己啓発などを行い，専門的能力を高めることが必要である。また，雇用の流動化が加速すれば，経験や専門性が重視される中途採用においては，即戦力として有効な能力が必要となる。このように即戦力となる専門的な優れた技能や知識を習得すると同時に人柄などの人間性も大切である。

(3) 「右腕」[2] になる人材

経営者には自分の後継者として自分の経営理念をきちん理解し，経営者を強力に支援する人材，すなわち「右腕」と呼ばれる幹部社員の存在が必要である。そうした人材は，新卒採用で採用して時間をかけて育つ人材，能力開発をしてコア人材となるような人材，即戦力として中途採用した人材，あるいは身内の人材など，何処から出現するかわからない。規模が小さいほど経営者の子供が右腕になっている割合が高いという現実もある。しかしながらそうした右腕となりうる人材を育てるように心がける必要がある。経営者にとって，右腕となる人材がいるか否かで，経営戦略は大きく変わる。中小企業においては，後継者の育成，円滑な承継という視点からも右腕の存在は大きいであろう。

2　定着性

(1)　若年者の定着性

　これまで，日本の雇用形態は4月新卒一括採用であった。学生側も何をしたいか，つまりどのような職種の仕事をしたいかではなく，広く世間に名前が浸透している一流企業に採用されることを希望していた。そこでは「職業」で企業を選択するのではなく，企業名が世間に知れ渡っている有名な企業に入社，つまり「就社」することになる。

　新卒一括採用では，まだ学生気分の抜けない新入社員に対して，就業意識を高めるため新入社員研修やOJTで動機づけをさせる。しかし，職業意識が希薄な上に，その職場になじめずに早期に離職するケースがある。そうならないように，近年では学生がインターンシップに参加し，学生時代に職場や仕事を経験することで，職業意識や自分の能力活用を考える貴重な機会を得る。

(2)　定着性のある職場環境

　雇用の流動化が始まると職場への定着性といった問題が生じる。研修を行い，人材開発を行ってもすぐに退職するのであれば，教育を行う意味が薄れる。簡単に退職しない職場環境を整備し，定着性のある職場を実現しなければならない。そのためにはその企業の魅力度を増し，従業員の幸せや生きがいを示し，インセンティブを与えてやる気を起こすように，どのように動機づけをするかが重要となる。研修などを充実させて積極的に人材育成に取り組んでいる企業では定着率も高くなるであろう。

　人材を有効に活用しきれないと，能力のある人材は他社への転職を考える。顧客を満足させるとともに，従業員の満足度が高い企業であることが，従業員の定着性につながる。企業として魅力のある企業にするためには，例えば，処遇の改善，福利厚生の整備，あるいは組織内での良好な人間関係の維持など，種々の魅力を増した企業が望まれる。従業員が働き甲斐があると感じる職場環境を経営者がつくることである。また，職場においては，尊敬できる上司や先

輩の存在や，社内にロールモデルとなるような従業員の存在やメンターの存在も見逃せない。

む　す　び

　少子化にともなう人材確保，団塊の世代の大量定年，能力主義や成果主義の導入，国際的評価基準の導入などによって，雇用環境が大きく変化しようとしている。
　このような雇用の流動化・多様化につれて，従業員の意識も変化せざるを得ないし，そうした人材を活用する企業経営者も意識を切り替えねばならない。企業のコア人材を確保するために，新規一括採用を継続しながらも，その時々に必要な人材は，中途採用，女性，高齢者，外国人の採用などで対応し，必要なら業務を外部にアウトソーシングして経費を節減するなど，戦略的な経営が必要である。
　企業のコアとなるようにマネジメント能力を備えた従業員を育成し，適切な配置を行うことは大事なことであるが，経営資源としての人的資源をつねに全ては確保せず，"適時適材適所"で必要な時に必要な人材を必要な場所に投入する柔軟な経営が必要となろう。そして有能な人材が集まる魅力ある企業経営を行い有能な人材を定着させる。そのためには戦略的に効果的な人材開発を行う必要がある。すなわち，人材開発（戦略）は企業経営者の経営戦略次第といえよう。
　やむを得ず人員削減等を敢行しなければならない時は，切り捨てるべき人材が，他の経営資源とは違う潜在能力を持った人間であることを考え，人間としての尊厳を尊重し，十分に配慮した対応が必要である。国際競争が激しい中，経営者はしっかりとしたビジョンを持ち，リーダーシップを取らなければならず，従業員の人権を尊重する「企業の社会的責任」（ＣＳＲ：Corporate Social Responsibility）の意味合いが大きい。

〔注〕
1） ドラッカー，ピーター F.著（上田惇生編訳）『〔新版〕現代の経営（下）』ダイヤモンド社，1996年，115ページ。
2） 中小企業庁編『中小企業白書』（2005年版）ぎょうせい，2005年，192-195ページ。

〔引用・参考文献〕
〔1〕 五十嵐 瞭監修・横山太郎・梶屋宣之・時田鉄也『まるごと1冊人材開発に成功する事典』日刊工業新聞社，2002年。
〔2〕 石田英夫・梅澤 隆・永野 仁・蔡芢錫・石川 淳『ＭＢＡ人材マネジメント』中央経済社，2002年。
〔3〕 井上昭正『人材開発の組織戦略』税務経理協会，2003年。
〔4〕 井上昭正『人材力強化の研修戦略』税務経理協会，2003年。
〔5〕 宇田川荘二『最新中小企業の人材活用戦略』同友館，1999年。
〔6〕 梶原 豊『人材開発戦略——実践的人材開発活動の導入から展開まで——』マネジメント伸社，1993年。
〔7〕 梶原 豊『人材開発論（増補版）』白桃書房，1996年初版，2001年増補版。
〔8〕 川端大二『人材開発論——知力人材開発の理論と方策』学文社，2003年。
〔9〕 國部 茂『新しい時代の人材開発論——今市場で求められている人材——』紫翠会出版，2003年。
〔10〕 佐藤博樹・玄田有史編『成長と人材——伸びる企業の人材戦略——』勁草書房，2003年。
〔11〕 財団法人社会経済生産性本部編『2004年度版日本的人事制度の現状と課題——第7回日本の人事制度の変容に関する調査結果——』財団法人社会経済生産性本部・生産性労働情報センター，2004年。
〔12〕 高橋俊介『ヒューマン・リソース・マネジメント』ダイヤモンド社，2004年。
〔13〕 高橋眞理子・佐藤文博『ＩＴ革命と人材開発』中央職業能力開発協会，2001年。
〔14〕 竹村之宏『日本型を活かす人事戦略——グローバルスタンダードだけでいいのか』日本経団連出版，2002年。
〔15〕 中小企業庁編『中小企業白書（2005年版）——日本社会の構造変化と中小企業の活力——』ぎょうせい，2005年。
〔16〕 平野文彦・幸田浩文編著『人的資源管理』学文社，2003年。
〔17〕 ドラッカー，ピーター F.著（上田惇生訳）『〔新版〕現代の経営（下）』ダイヤモンド社，1996年。
〔18〕 ドラッカー，ピーター F.著（上田惇生訳）『プロフェッショナルの条件——いかに成果をあげ，成長するか——』ダイヤモンド社，2000年。

〔19〕 二神恭一編著『戦略的人材開発——コンティンジェント雇用システム』中央経済社, 1998年。
〔20〕 二神恭一編著『企業と人材・人的資源管理』八千代出版, 2000年。
〔21〕 古屋由美子『［ＯＪＴ］能力開発』ぱる出版, 2004年。
〔22〕 森本隆男編『現代の人材開発』税務経理協会, 1998年。

（藤村　やよい）

第4章

中小企業における研究開発と連携

はじめに

　今日では，経済のグローバル化が進み，ことにBRICs（やこれに南アフリカを加えたBRICS）など発展途上国の追い上げが凄まじい。これらは市場としての意味合いも大きいが，その一方で，「大企業性製品」「共存業種製品」「中小企業性製品」ともに，低賃金を武器にした低価格のかつ品質・性能のよい製品が成熟化している国内市場に流入しつつある。

　そうした国内市場を考えると，中小製造業企業にとっては，もはや「作ることができる製品」を市場に投入するだけでは不十分である。中小企業は，従来はみられなかった「プロトタイプ製品」を開発し，市場に投入しなければ，ゴーイング・コンサーン（継続的事業体）として生き延びていくことは不可能であろう。中小企業は手をこまねいているわけにはいかない。とはいえ，持てる経営資源には限界がある。

　そこで，本章では，中小製造業企業における経営革新（managerial innovation）の意味を問い，その上で技術革新およびその一環としての研究開発（R＆D）を他の企業や研究機関との「連携」との関連から考察してみたい。

第1節　中小企業における経営問題

　中小企業は，これまで様々な経営上の問題を抱えてきた。売上不振，製品加工単価の低下・上昇難，大企業の進出による競争の激化，生産設備の不足・老

朽化，人材の確保・育成，後継者難，資金調達といった問題である。実際，経済産業省「商工業実態基本調査」（1998年10月）によれば，中小製造業企業のじつに85％が何らかの経営上の問題を抱えている（『中小企業白書』（2001年版），49ページ）。

　加えて，今日では原油価格の高騰を背景に，石油や石油化学製品，鋼材その他の価格の上昇や入手難という「素材問題」が中小企業の大きな経営問題となっている。このような問題を抱えている中小企業の中には経営破綻を迎える企業もある。東京商工リサーチの調査によれば2004年の負債金額1,000万円以上の企業倒産件数は１万3,679件にも上っている。

　ところで，中小企業がどれだけ画期的な高品質・高性能の製品を生産し，販売していたとしても，やがて技術の発展からより高品質の製品やより低価格の製品が出現したり，消費者のライフスタイルの変化からニーズそのものがなくなったりし，やがてまったく違う製品に取って代わられるかもしれない。

　ふつう製品は開発後，「導入→成長→成熟→衰退」というプロセスを経て，やがて市場からその姿を消す。これを「プロダクト・ライフサイクル」（PLC）という。近年，よく言われるのがＰＬＣの短期化である。

　図表４－１をみればそうした様子を観察することができる。一度「ヒット商品」（その企業にとっての「売れ筋商品」）となっても，収益を得られる期間（成長期）は以前にもまして短くなっている。中小企業にとっては，他企業の動きや

図表４－１　ヒット商品のライフサイクル　　　（単位：％）

	１年未満	１～２年	２～３年	３～５年	５年超
1970年代以前	1.6	6.3	5.1	27.7	59.4
1980年代	1.7	9.8	12.4	29.6	46.5
1990年代	4.8	16.4	19.6	32.5	26.8
2000年代	18.9	32.9	23.1	19.6	5.6

（原注）　(1)　「ヒット商品」とは，その企業にとっての「売れ筋商品」。
　　　　　(2)　かつてはヒットしていたが，現在では売れなくなった商品を集計。
（原資料）　中小企業研究所「製造業販売活動実態調査」（2004年11月）。
（資料）　『中小企業白書』（2005年版），37ページ。

市場（需要，消費者）の変化を見据えた新製品の開発が課題となっているといえるだろう。

第2節　経営革新

1　イノベーション（革新）

　よく企業はゴーイング・コンサーンであると言われる。ところが，言わば自動的にそうなのではない。他の企業の追随を許さないアイデアや技術を武器に一定の市場シェアを占め，成長しながら，あるいは「事業規模を縮小させながら（ダウンサイジング）」，さらに事業転換を図りながら，つねに経営環境の変化に適応してきた結果，ゴーイング・コンサーンとして継続的に存立できているのである。このことを一言で言えば，企業がその時々の経営環境の変化に合わせた「経営革新」に取り組んできたからにほかならない。経営環境が大きく変化している今日では，ますますこの「経営革新」の意義が高まりつつあるように思われる。

　では，イノベーション（革新）とは何と考えておけばよいであろうか。

　シュンペーター（Joseph A. Schumpeter）は，『経済発展の理論』の中で資本主義経済発展の担い手は企業家であり，この企業家の行う「新結合の遂行」がそもそも経済発展の原動力，資本主義経済をドライブする力であると説いた。具体的には，例えば，①新しい財貨の生産，②新しい生産方法の導入，③新しい販路の開拓，④新しい供給源（原料など）の開拓，⑤新組織の採用である。シュンペーターはこの新結合の担い手が企業家であり，新結合を遂行していくことこそ企業家の真の機能であるとした。企業家が企業を単に循環的に経営していくようになると，もはや企業家ではなく，単なる経営管理者になってしまうとした[1]。『景気循環論』と『資本主義・社会主義・民主主義』の中でシュンペーターは，この新結合とほぼ同じ意味・内容を持つものとして「イノベーション」

という用語を用いた2)。

さらに，シュンペーターは資本主義経済の中では，不断に古いものを破壊して新しいものを創造し，絶えずその内部から大変革をもたらす産業上の突然変異がみられるとした。これが，すなわち「創造的破壊」(Creative Destruction)である。この過程こそ資本主義経済の本質的な事実である。これこそが，まさに資本主義経済を形づくるものであり，すべての資本主義企業はこの中で生きていかねばならない。しかも，この「創造的破壊」は絶えず烈風のごとく吹き荒れる。絶えざる「創造的破壊の烈風」である3)。

シュンペーターをベースに考えれば，企業における「イノベーションとは様々な領域における経営上意味のある変化」であり，「調達から販売まであるいは組織上，企業の変革に対して積極的に取り組むこと」と考えてよいであろう。

2　経営革新

次いで，「経営革新」とは何と考えればよいであろうか。例えば，「中小企業基本法」では「経営革新」とは，「新商品の開発又は生産，新役務の開発又は提供，商品の新たな生産又は販売の方式の導入，役務の新たな提供の方式の導入，新たな経営管理法の導入その他の新たな事業活動を行うことにより，その経営の相当程度の向上を図ること」（第2条第2項）としている。

われわれは，簡単に「経営革新とは，経営全般にわたる革新」と考える。ここで「経営全般にわたる革新」とは，シュンペーターが言うようにイノベーションをひとり企業家（リスクをみずから引き受ける経営者）のみに担わせるのではなく，「トップ・マネジメントからミドル・マネジメント，ロワー・マネジメント，従業員が企業の変革に対して積極的に取り組むこと」を意味する。

それでは，中小企業は一般的に言ってどれくらい経営革新に取り組んでいるのであろうか。いま，中小企業金融公庫「経営環境実態調査」（2004年11月）から中小企業（全般）の経営革新の内容をみてみよう（『中小企業白書』（2005年版），46ページ）。

第4章　中小企業における研究開発と連携

```
① 新しい商品の仕入れまたは生産……………………………………64.7%
② 新しい技術・ノウハウの開発………………………………………60.7%
③ 新分野への進出，多角化
    （既存事業を維持しつつ，異なった分野に進出する場合）……47.8%
④ 新しい販売方式の導入………………………………………………42.9%
⑤ 事業転換
    （既存事業を縮小しつつあるいは撤退しつつ異なる分野に進出する場合）………11.1%
⑥ その他………………………………………………………………… 9.4%
⑦ 経営革新は行っていない……………………………………………15.8%
```

これからみて，大多数の中小企業が経営革新に取り組んでいる様子をみてとることができる。

さらに，中小製造業企業がどのような経営革新に取り組んでいるのかを同中小企業金融公庫「経営環境実態調査」からみてみよう（『中小企業白書』(2005年版)，48ページ）。

```
① 新しい製品の仕入れまたは生産……………………………………73.3%
② 新しい技術・ノウハウの開発………………………………………70.2%
③ 新しい販売方式の導入………………………………………………37.3%
④ 新分野進出・多角化…………………………………………………45.2%
⑤ 事業転換……………………………………………………………… 8.2%
⑥ 経営革新は行っていない……………………………………………11.3%
```

このように，中小製造業企業においては，新規性の強い分野の経営革新を行う企業が多く，かつ技術的要素の強い分野の経営革新に重点を置く企業があることがみて取れる。

そこで，以下，「技術的要素が強い経営革新」すなわち「技術革新」(technological innovation, technical innovation)と中小製造業企業との関連について検討してみよう。

第3節　中小企業における技術革新

1　過小評価された中小企業における技術革新

『経済白書』(1956年版)でイノベーション＝技術革新とみられて以来，わが国ではイノベーションといえば技術革新を指すことが多い。

　技術革新を製品イノベーションと工程イノベーションに分けることがあるが，そのどちらが重要というわけではない。そのどちらもが，あるいは両者の関連が重要になる。最近では，設計の段階からこの両者を「アーキテクチャー」として統合しようとする考え方が重視されるようになっている。急激な変化をもたらす技術革新（ラジカル・イノベーション）あるいは大きな変化をもたらす技術革新（メジャー・イノベーション）に強い期待が寄せられがちであるが，これは導入後ただちに収益に結びつかず，むしろコストアップを招くこともある。また，そうたびたび起こることではない。産業が発展し，次第に成熟化していくにつれて，漸進的な技術革新（インクリメンタル・イノベーション）ないしは小さな技術革新（マイナー・イノベーション）の方が，大企業はもちろん中小企業にとっても重要な意味を持つ[4]。

　シュンペーターは大企業に着目し，そこでの技術革新の優位性を説いたし，ガルブレイス（John K. Galbraith）も中小企業からなる「市場体制」よりも大企業からなる「計画化体制」における技術革新の優位性を説いた。ドラッカー（Peter F. Drucker）にしてもしかりである[5]。このように，中小企業よりも大企業において技術革新は優位であるとみられることも多い。というのも，経営資源の少ない中小企業では技術革新に人材をそう多く投入するわけにはいかず，また資金的余裕もないだろうというわけである。

　ところで，以下のような主張をみれば，中小企業が技術革新において大企業と決定的に不利であるとは，ないしは格差があるとは言えない。ブラックフォード（Mansel G. Blackfold）は小企業（small business）の技術革新について以

第4章　中小企業における研究開発と連携

下のように指摘している。

　　米国において大企業は1980年代初頭から半ばにかけて研究開発費の約5％を使用した。ところが，技術革新の源泉は小企業であった。それは小額の資本しか必要としない，高度に特殊な知識を必要とする研究開発を行った。20世紀に小企業は，エアゾル噴霧器，生合成インシュリン，ダブル・ニット生地，急速冷凍食品，ファスナー，コンピュータ・ソフトウェアなど様々な新製品をつくり出した[6]。

　また，かつてモワリーとローゼンバーグ（David C. Mowery & Nathan Rosenberg）は，『ナショナル・イノベーション・システム』において，「新技術を商業化する役割を小企業が担うことは，大いにアメリカ的現象である」[7]と言った。

　『アメリカ中小企業白書』(1996年版) でも，「革新的な新企業が新しいアイデアを絶えず創造し，市場にもたらす」としている（『同白書』，邦訳，160ページ）。やや古いデータではあるが，「極めて革新的な産業」における技術革新1,498件のうち小企業が691件，大企業が785件，不明が22件であったとしている（『同白書』，邦訳，162ページより集計）。

　これから「極めて革新的な産業」においては，小企業と大企業間で技術革新にそう差がないとみてよいであろう。

　これに加えて，日本の中小企業の技術革新の状況を「全要素生産性」（ＴＦＴ）[8]を用いた経済産業省「企業活動基本調査」(1995〜2001年) からみてみると，「ＴＦＴ成長率」は，大企業 (0.88%)，中小企業 (1.14%) となっている（『中小企業白書』〔2004年版〕，72ページ）。

　これからみて，日本でも中小企業が大企業と比較して多くの技術革新をなしていることが推測できるのである。

2　日本企業における技術革新の企業規模別状況

　ここで，日本企業における企業規模別の技術革新の状況をみてみよう（図表4－2）。

　これから，「新製品の開発」や「デザインの改良」，「販売方法の改良」に取り組んだ企業については，大企業の方がたしかにその比率は高い。しかし，「生産工程の改良」に取り組んだ企業は大企業，中小企業，小規模企業ともほぼ同様の比率である。

　さらに，中小企業庁「企業経営実態調査」（2003年12月から）をみると，「製造業において，新製品・サービスの開発・改良活動の際に『①大半は自社にとって新しい技術やノウハウを使用した』と答えた企業と『②自社にとって新しい技術やノウハウのみを使用した』と答えた企業」の割合は，大企業（17.0%），中小企業（18.6%），小規模企業（19.0%）であった（『中小企業白書』（2004年版），74ページ）。このことは，つまり新製品やサービスの開発や改良活動を行う際，中小企業は大企業よりもむしろ新しい技術を導入する企業であることを示しているといってよいであろう。

図表4－2　新製品開発・改良活動の規模別状況　　　　　（単位：%）

	新製品の開発	生産工程の改良	デザインの改良	販売方法の改良
大 企 業	68.9	37.9	18.4	35.7
中 小 企 業	61.8	39.1	13.7	25.4
小規模企業	50.4	36.5	15.3	22.7

（原注）　(1)　複数回答のため，合計は100を超える。
　　　　　(2)　過去5年で新製品サービスの開発，改良を行っている企業の具体的な取組内容。
（原資料）　中小企業庁「企業経営実態調査」（2003年12月）。
（資料）　『中小企業白書』（2004年版），73ページ。

第4節　中小企業における研究開発

1　マクロにみた研究開発

　以上では，中小企業における経営革新を取り上げ，それの1つとして技術革新を取り上げた。この技術革新を掘り下げていくと，大きな構成要素の1つである研究開発（R&D：Research and Development）にたどり着くことができる。
　研究開発（活動）は最も簡単には，「技術的知識の生産（活動）である」と言っておいてよいだろうが，やや立ち入ったものとして次のような規定がある。「研究開発とは，新しい科学的な原理や現象を発見したり，新しい技術的な方法を考案したり，あるいはそれらを組み合わせることによって新しい製品や技術を造りだす活動」である。さらに，「探索的な研究から新製品を生産する技術の完成まで」が研究開発であるという規定である[9]。
　いま，『科学技術白書』(2005年版)から，日本の研究開発について使用研究開発費の点からみてみると，それは近年伸びつづけ，米国の28兆3,795億円，ＥＵの21兆5,351億円に次いだ金額（16兆8,041億円）となっている。研究開発主体別に，使用研究開発費の比率をみれば，企業（11兆7,589億円，70.0％），政府研究機関（1兆4,601億円，8.7％），大学（3兆2,631億円，19.4％），民営研究機関（3,220億円，1.9％）と企業の割合が最も大きくなっている（『科学技術白書』(2005年版)）。
　これから日本全体の研究開発のちょうど7割が企業において行われていることがわかる。

2　中小企業における研究開発の状況(1)

　次に，『科学技術白書』では企業規模別の研究開発の状況を知ることができないので，別の資料からそれをみてみよう。経済産業省「商工業実態基本調査」(1998年)から研究開発投資を行っている企業の比率を企業規模別にみてみると，

①20人未満（7.8%），②20～49人（18.2%），③50～99人（25.4%），④100～299人（40.3%），⑤300人以上（69.9%）となっている（『中小企業白書』（2005年版），60ページ）。

　これをみると，たしかに企業規模が小さくなるほど，研究開発投資を行っている企業の割合は小さくはなっている。とはいえ企業数からいえばかなりの中小企業が研究開発投資を行っている様子がみえてくる。

　研究開発を「基礎研究」「応用研究」そして「開発研究」の３つに区分することがある(補注)。

　　（補注）　総務省統計局「科学技術研究調査」においては，性格別研究を以下のように定義されている。
　　　①　基礎研究：特別な応用，用途を直接的に考慮することなく，仮説や理論を形成するためまたは現象や観察可能な事実に関して新しい知識を得るために行われる理論的または実験的研究。
　　　②　応用研究：基礎研究によって発見された知識を利用して，特考の目標を定めて実用化の可能性を確かめる研究及び既に実用化されている方法に関して新たな応用方法を探索する研究。
　　　③　開発研究：基礎研究，応用研究および実際の経験から得た知識の利用であり，新しい材料，装置，製品，システム，工程等の導入または既存のこれらのものの改良をねらいとする研究。（文部科学省編『科学技術白書』（2005年版），123ページ。）

　一般に，日本においては基礎研究よりも開発研究の方がより活発に行われているというイメージが持たれている。いま，その点をみてみよう（図表４－３）。

　このデータからみれば，たしかに「開発研究」の比重が大きいが，しかし「基礎研究」も少なからず行われていると言える。なお，「基礎研究」「応用研究」そして「開発研究」ともに，日米の間ではそう比率に差はないとみてよい

図表４－３　日米の研究開発費の「性格」　（単位：億円。括弧内は％）

	基礎研究	応用研究	開発研究	合　計
日　本	(15.0)	(23.0)	(62.0)	168,041 (100.0)
米　国	(19.1)	(23.9)	(57.1)	284,770 (100.0)

（資料）『科学技術白書』（2005年版），363－364ページ。

第4章 中小企業における研究開発と連携

図表4－4 企業規模別研究開発内容　　　　（単位：％）

企業規模（従業員数）	実用化研究のみ	応用研究のみ	基礎研究のみ	複数の研究
20以下	61.9	29.0	2.1	7.0
21～50	62.4	24.5	3.2	9.9
51～100	64.3	24.2	3.7	7.8
101～300	61.5	21.4	1.6	15.4
301以上	45.7	14.7	－	39.7

（原資料）　中小企業研究所「製造業販売活動実態調査」（2004年11月）。
（資料）　『中小企業白書』（2005年版），61ページ。

であろう。

　では，企業規模別にはどうであろうか。『科学技術白書』で企業規模別に観察するのは不可能なので別の調査からみてみよう（図表4－4）。

　これからみると，企業レベルの場合，一国レベルの場合とは異なり，大企業（301人以上）において「実用化研究のみ」とする回答の比率が低くなっているが（45.7％），しかし「複数の研究」という回答の中には「実用化研究」も含まれているだろうから，中小企業の場合も大企業の場合も「基礎研究」，「応用研究」，「実用化研究」がそれぞれ行われていることが観察できる。中小企業は実用化研究のみを行っているとみられがちであるが，じつはそうではない。

3　中小企業における研究開発の状況(2)

　『科学技術白書』(2005年版)によれば，日本の研究開発人員は近年増加しつづけ，米国の126万1,200人，ＥＵの104万6,500人に次いだ人数（78万7,300人）となっている。研究開発主体別に研究開発者数の比率をみれば，企業（45万800人，58.3％），政府研究機関（3万3,700人，4.3％），大学（28万4,300人，36.1％），民営研究機関（1万400人，1.3％）と，産業（＝企業）が約6割の人員を占めている。

　企業規模別の研究開発要員の状況について，いま経済産業省「企業活動基本調査」(1992～2003年)をみてみよう。大企業の場合には全従業員数に占める研究

開発人員の割合は2003年度には6.4%であった。一方，中小企業の場合は3.6%であった。中小企業の場合，その比率は一般的にイメージされているよりも大きいといってよいであろう。また，1992年からの伸びをみると，大企業の場合1992年の4.4%から2003年には2.0ポイントその比率は大きくなっている。中小企業の場合には同2.3%であったから1.3ポイントその比率は大きくなっている（『中小企業白書』(2005年版)，39ページ）。

このように，研究開発人員の比率は大きくなっているのである。

次に，研究開発を行う人材を企業規模別にみてみよう（図表4－5）。

この図表から言えることは規模が小さい企業では，経営者自身が製品の企画・開発を行う場合や他業務と兼務しながら役員・従業員が製品の企画・開発を行う場合も多いということである。したがって，会計上は研究開発投資（研究開発費）として計上されず，中小企業における研究開発が過小評価されている可能性もある。

図表4－5　新製品の規格・開発を行う人材　　　（単位：%）

企業規模（従業員数）	専従の役員・従業員	他業務を兼務する役員・従業員	代表者のみ	恒常的には行っていない
20人以下	13.2	23.6	15.8	47.3
21～50	18.7	32.2	6.5	42.6
51～100	25.3	31.5	3.5	39.7
101～300	34.2	28.7	0.8	36.4
301人以上	68.8	20.6	－	10.6

（原資料）　中小企業研究所「製造業販売活動実態調査」(2004年11月)。
（資料）　『中小企業白書』(2005年版)，60ページ。

4　中小企業における研究開発の特徴と成果

　さらに，中小企業の研究開発の特徴をみてみよう。

　大企業の場合，中小企業に比べれば大きな市場向けの研究開発が多い。ある企業が先行した研究開発を行ったとしても数ヶ月の内にはライバル企業がキャッチアップしてくる。まったくのプロトタイプ製品の場合，研究開発には相当なリスクがともなう。果たしてその製品が市場で売れるかどうか，投資した資金を回収し，利益を上げることができるかどうかというリスクである。

　そこで，大企業の場合，ことにブランドが確立している企業の場合，市場の伸びが見通せる段階になってからその製品の研究開発に着手する場合も多い。市場に出された他社の製品を分解し，そうコストをかけずに製品化に向けて研究開発することもある——リバース・エンジニアリング。ちなみに，M電器産業は「マネシタ電器」とよく揶揄される。だが，これは「創造的模倣」としてきわめて成功率が高いとドラッカーは言っている[10]。

　いま，企業規模別に研究開発の「質」をみてみよう（図表4－6）。

　大企業（301人以上）の場合には「自社が先行しているが，競合他社も追随している研究が多い」と回答している企業の割合が最も多い（59.1％）。また大企業の場合，「競合他社の方が先行している研究開発が多い」と回答している企業

図表4－6　企業規模別研究開発の「質」　　　（単位：％）

企業規模 (従業員数)	競合他社ではまったく行われていない研究開発が多い	自社が先行しているが，競合他社も追随している研究が多い	競合他社の方が先行している研究開発が多い
20以下	33.5	39.7	26.8
21～50	23.6	42.9	33.5
51～100	20.1	41.8	38.1
101～300	19.3	46.0	34.8
301以上	11.0	59.1	29.9

（原資料）　中小企業研究所「製造業販売活動実態調査」（2004年11月）。
（資料）　『中小企業白書』（2005年版），61ページ。

もかなりある (29.9%)。一方，規模の小さい企業ほど競合他社ではまったく行われていない研究開発を行っている。これから，中小企業の研究開発は，これまで誰も手がけなかったような独自性を追求したものが多いといってよいだろう。企業が研究開発を行った結果，いろいろな成果が生まれるであろう。いま，その成果の1つである特許の保有状況を企業規模別にみてみよう。

　特許を保有している企業の割合は，①20人未満 (1.7%)，②20～49人 (5.2%)，③50～99人 (10.1%)，④100～299人 (20.3%)，⑤300人以上 (50.2%) となっている (『中小企業白書』(2005年版)，60ページ)。

　これをみて注意すべきは，中小企業の場合，研究開発の成果を知的財産権として特許という形で公開せず，社外秘にする傾向があるということである。あるいは取引ができれば，取引先企業の特許にしてもかまわないとする企業もあるということである。こうして，中小企業の研究開発については割り引いて評価されている可能性がある。

第5節　企業間の連携による研究開発

1　中小企業における他企業・機関との連携の意義

　経営資源が不足しがちな中小企業の場合，自社の経営資源だけでは解決できない経営上の課題であっても，外部の経営資源を利用することで解決できる場合も少なくないであろう。そこで，様々な経営問題を解決する場合に他の企業や研究機関と中小企業が連携を図ることが考えられる。

　近年，年を追って激しくなる競争に対して，大企業はもちろん中小企業も「コア・コンピタンス」[11]を持つことが重要となる。中小企業は，自社のコア・コンピタンスを踏まえた上で，外部資源を利用していくことが考えられる。

　自社のみで製品の企画から開発，生産，販売までをすべて行える中小企業はそう多くはない。何らかの面で販売先企業，仕入先企業，外注先企業，大学や

研究機関といった他企業や研究機関との連携により不足する経営資源を補っていくことが重要となるだろう。もっとも，その場合に新しく解決すべき課題も出てくるかもしれないが，ともかくも自社単独で進めるよりも，より広範囲に，より深く，より速く経営革新や技術革新を図り，研究開発を進めることができる場合も少なくないであろう。

2　連携の型（タイプ）

連携については，いくつかのタイプを見出すことができる。まず，企業内各部門間の連携（社内型連携）と外部の企業や研究機関との連携（社外型連携）を考えることができる。

次いで，事業の内容によって，生産の分業に重点をおいた連携（生産分業型連携）と研究開発に重点をおいた連携（研究開発型連携）とを考えることができる。これを整理すれば，図表4－7のようになるであろう。

図表4－7　連携の形態（種類・タイプ）

		社内か社外か	
		(A)　社内部門間	(B)　社外の企業，機関
事業の重点	(Ⅰ)　生産の分業	(Ⅰ)-(A)	(Ⅰ)-(B)
	(Ⅱ)　研究開発	(Ⅱ)-(A)	(Ⅱ)-(B)

（資料）　筆者作成。

ここで，取り上げるのは，図表4－1の(Ⅱ)-(B)のセルである。このセルにおいては，同業種企業との連携と異業種企業との連携がみられる。企業が新製品開発や改良を行う際に社外の同業種の企業と連携し，共同研究開発を行うことがあり，さらには，異なった産業の企業と連携し，共同研究開発を行うことがある[補注]。

　　（補注）　この場合，「異なった産業」とは，具体的には『日本標準産業分類』
　　　　　の大分類レベル，中分類レベル，小分類レベル，細分類レベルが考えら
　　　　　れる。特に1980年代～90年代みられたのは，企業が正式な法人組織を

つくるというよりも任意のグループをつくり，新製品やサービスを生み出そうという「異業種交流」であった。

最近の調査をみても，異業種の企業との連携が盛んに行われている。以前の「異業種交流」[12]との違いは，技術水準が高くなっていること，インターネットなど通信手段の発達でコミュニケーションがとりやすくなり，距離・空間がさほど問題にならなくなっていることである。

実際，図表4－8からわかるように，大企業，中小企業とも他の企業や研究機関との連携を深めている。大企業の場合，3分の2近くの企業が大学との連携を実施している。また，同業種，異業種の他の大企業，公設試験研究機関，国立試験研究機関と連携については，3分の1内外の企業が実施している。

中小企業の場合，他の企業や研究機関と連携を実施していない企業が26.4%みられ，大企業に比べれば，連携を行っている企業の割合は低い。だが，同業種，異業種の中小企業との（中には同業種ないしは異業種の大企業との）連携がみられる。

図表4－8　外部の企業・研究機関と連携している企業の割合　（単位：％）

項　　目	中小企業	大企業
同業種中小企業と連携を実施	27.0	17.3
異業種中小企業と連携を実施	24.0	20.1
同業種の大企業と連携を実施	17.3	35.5
異業種の大企業と連携を実施	10.6	32.5
公設試験研究機関と連携を実施	25.9	33.1
国立試験研究機関と連携を実施	7.0	27.3
大学と連携を実施	21.0	64.5
その他の機関と連携を実施	8.2	12.1
外部組織との連携は実施していない	26.4	9.8

（注）　(1)　複数回答のため，合計は100を超える。
　　　　(2)　調査対象企業は，製造業に属する研究開発実施企業。
（原資料）　中小企業庁「企業研究開発活動実態調査」（1999年12月）。
（資料）　『中小企業白書』（2001年版），300ページ。

第4章　中小企業における研究開発と連携

大企業はもちろん中小企業の研究開発やデザインの外部委託先となっている中小企業もあり，こうした中小企業が増加しつつある。

むすび

　本章では，厳しい経営状況の中，いろいろな経営問題を抱えた日本の中小企業が，「経営革新」を進め，そして「技術革新」を進めている様子を観察した。中小企業における技術革新はかなり進んでおり，ＧＤＰも押し上げている。しかし，人々に過少評価され，一般的に抱かれたイメージとはギャップがある。

　研究開発については，大企業はもちろん中小企業も，今日きわめて大きな意義を持っている。本章では，技術革新の一環として中小企業における「研究開発」（Ｒ＆Ｄ）の特徴を指摘した。どうしても経営資源が不足しがちな中小企業の研究開発を他の企業や研究機関との（以前の異業種交流とは異なった）「連携」との関連から考察した。

　現段階において研究開発における連携はまさに進行中であり，新しい問題点も生じつつある。中小企業における研究開発型連携の問題点は，まず自らの技術やアイデアを事業化するために必要な技術・ノウハウを持った他の企業や研究機関をいかに見出すかということである。さらに他の企業との信頼関係を構築する過程には時間を要する。他の企業や研究機関を見出したとしても連携の過程で互いの技術的評価が難しく，どのように調整を図るのかなど（最近使われている用語では，「企業間のガバナンス」），新しい問題が生じるであろう。

　以前の「異業種交流」の場合は，「経営資源のギブと成果のテーク」という関係よりも，技術や情報をテークするのみの企業も少なくなかった。その交流グループの目的はあいまいで，挫折することも少なくなかった。現段階の新しい連携についてはどうか，これらについてのさらなる検討は今後の課題である。

〔注〕

1) Schumpeter, Joseph A., *Theorie der wirtschaftlichen Entwicklung : Eine Untersuchung über Unternehmergewinn, Kapital, Kredit, Zins und den Konjunkturtzyklus* (2.Aufl.), Duncker & Humblot, 1926, SS.100−101, S.113. (塩野谷祐一・中山伊知郎・東畑精一訳『経済発展の理論――企業者利潤・資本・信用・利子および景気の回転に関する一研究――』岩波書店, 1980年, 152ページおよび166ページ。)

2) Schumpeter, Joseph A., *Business Cycles : A Theoretical, and Statistical Analysis of the Capitalist Process*, Vol.1, Vol.2, McGraw−Hill Book Co., 1939. (吉田昇三監修・金融経済研究所訳『景気循環論――資本主義過程の理論的・歴史的・統計的分析――（Ⅰ）・（Ⅱ）・（Ⅲ）・（Ⅳ）・（Ⅴ）』有斐閣, 1958年, 1959年, 1960年, 1962年, 1964年。)

3) Schumpeter, Joseph A., *Capitalism, Socialism and Democracy*, Routledge, 1943, (reprint, 1992), pp.83−84. (中山伊知郎・東畑精一訳『資本主義・社会主義・民主主義（上巻）』東洋経済新報社, 1962年, 150−152ページ。)

4) 川上義明「技術革新時代の中小企業」森本隆男編著『中小企業論』八千代出版, 1996年, 175ページ。

5) ちなみに, Drucker, Peter F., *Innovation and Enterpreneurship : Practice and Principle*, Harper & Row, 1985, p.22. (上田惇生訳『新訳 イノベーションと起業家精神（上）』ダイヤモンド社, 26ページ。) を参照。

6) Blakford, Mansel G. [1991], *A History of Small Business in America*, Twayne, p.114. (川辺信雄訳『アメリカ中小企業経営史』文眞堂, 1996年, 155ページ。)

7) Mowery, David C. & Nathan Rosenberg, The U.S. National Innovation System, Nelson, Richard (ed.), *National Innovation Systems : a Comparative Analysis*, Oxford University Press, 1993.

8) 技術革新の進歩率をあらわす指標。生産の増加のうち, 労働, 資本といった生産要素の増加で説明できない部分がどの程度あるかを計測したもの――『中小企業白書』(2004年版), 72ページによる。

9) 中原秀登『研究開発のグローバル戦略』千倉書房, 2000年, 36−55ページ。

10) Drucker, op.cit.5) p.33. (邦訳書, 49ページ。)

11) Hamel, Gary and C.K. Prahalad, *Competing for the Future*, Harvard Business School, 1994.

12) これについては, 川上義明『現代日本の中小企業――構造とビヘイビア――』税務経理協会, 1993年を参照。

(川上　義明)

第5章

中小企業の財務戦略

はじめに

　企業が経営活動を行うには，資金が必要であることは言うまでもない。資金を使って必要な原材料や（半）製品を購入し，それを生産・加工して販売することで売上が発生する。売上から様々な費用を差し引いた結果，利益が生まれる。

　すなわち，企業にとって財務戦略の最重要課題は，企業の存続(going concern)という究極の目標を達成するために，経営活動に必要な資金の最適な調達と運用を行うことである。

　本章では，中小企業の財務的な特性や財務諸表に関する基本的事項についてみていきながら，中小企業が資金の最適な調達と運用を行うために財務体質の強化を図るにはどうすればよいかを学ぶこととする。

第1節　中小企業の資金調達

1　資金調達の特性

　それでは，中小企業の資金調達の特性についてみていこう。中小企業の多くは同族企業であり，株式市場へ上場していないことから他者の資本が入りにくい傾向にある。そのため，自己資本比率も低い。

　図表5－1[1]は大企業の，図表5－2は中小企業の資金調達の推移をあらわ

図表5－1　大企業の資金調達構成の推移

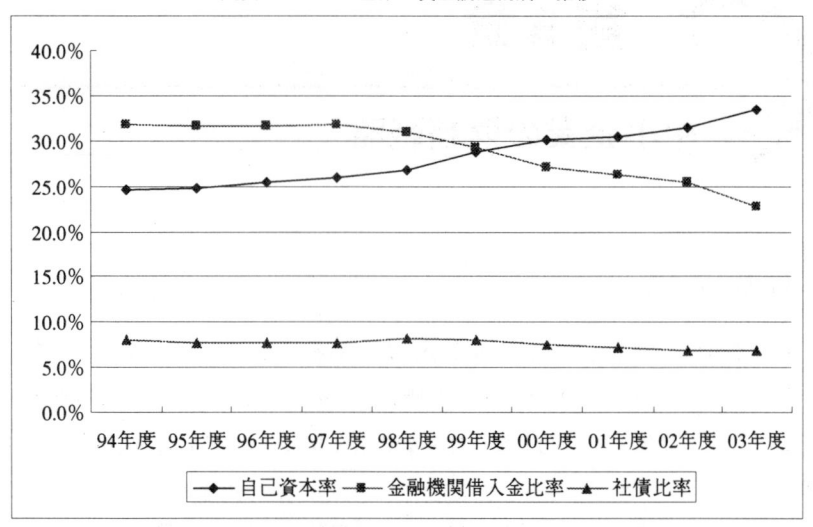

(資料)　財務省『法人企業統計年報』。

図表5－2　中小企業の資金調達構成の推移

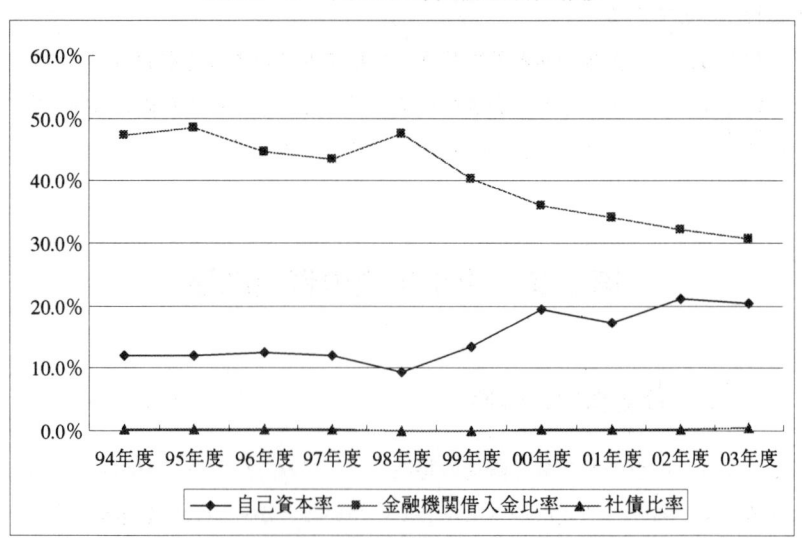

(資料)　財務省『法人企業統計年報』。

している。大企業の自己資本比率は上昇傾向にあり，2000年度以降は金融機関借入金比率と逆転している。中小企業においても自己資本比率は上昇傾向にあるものの，依然として金融機関からの借入に頼るところが大きい。また，大企業は社債発行による資金調達を行っているが，中小企業ではほとんど行われていない。中小企業は企業の信用力が低いことから，社債発行による資金調達は困難であり，金融機関からの借入に頼らざるを得ないのである。

　2005年版中小企業白書によると，金融機関からの借入についてもメインバンクから借入申込を拒絶されたり，減額されるなど，思いどおりに貸してもらいにくい状況にある。

　また，多くの中小企業の代表者が，メインバンクからの借入に対して保証人となっており，代表者のみならず親族も保証人になっている企業も多い。金融機関にとってみれば，企業の信用力が弱い[2]ので，代表者や親族なども含めた個人の保証も要求するのである。

2　金　融　機　関

　それでは，中小企業にとってメインの資金調達先である金融機関についてみてみよう。

　日本の金融機関は，政府系金融機関，都市銀行，地方銀行，第二地方銀行，信用金庫，信用組合などに分類される。このうち，政府系金融機関については第4節で述べる。

　大企業の多くは都市銀行をメインバンクとして活用しているが，中小企業は地域金融機関と言われる，地方銀行，第二地方銀行，信用金庫，信用組合をメインバンクにする企業が多い。中小企業庁の「資金調達環境実態調査」(2004年12月)によると，従業員数20人以下の企業の約79％が地域金融機関をメインバンクとしているが，従業員数の増加にともなってその割合が低下し，従業員数301人以上の企業では約30％にまで減少する。

　地域金融機関の中でも信用金庫と信用組合は，まさに中小企業者のための金

融機関[3]であり，同調査によると従業員数20人以下の企業では両者をメインバンクとする企業が19.5％を占めている。

第2節　財務諸表の基本

1　財務諸表の概要

前節で学んだように，中小企業は金融機関からの借入による資金調達が主体でありながら，メインバンクからも思いどおりに貸してもらいにくい状況にある。

そういった状況の中で，金融機関から高い信用を得て資金調達を容易にしたい，取引先からも高い信用を得ることで受注高を増加させたいというような時に，財務諸表は大きな武器となる。

この節では，財務諸表の中でも重要な貸借対照表，損益計算書，キャッシュフロー計算書についてみてみよう。

2　貸借対照表

(1)　貸借対照表とは

貸借対照表は，企業の期末時[4]の資産・負債・資本の状態を示している。すなわち，期末時における企業の財産と借金の状態をあらわすものである。

(2)　貸借対照表の構成

貸借対照表の構成を項目ごとにみていこう。企業を経営するための資金は，自己資本（資本）と他人資本（負債）から成り立っている。図表5－3にあるように貸借対照表の右側にあり，経営に必要な資金を調達する源泉が，株主の出資した資本金とそれをもとに生み出した利益（内部留保）からなるものを自己資

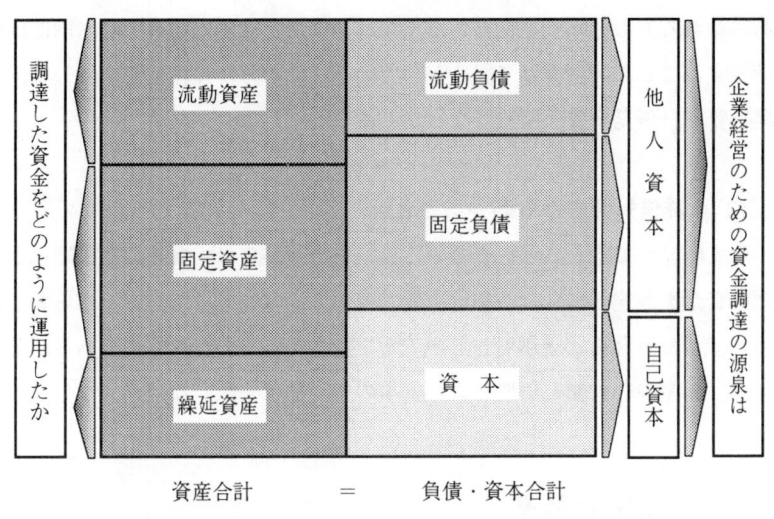

図表5－3　貸借対照表の構成

調達した資金をどのように運用したか		流動資産	流動負債		他人資本	企業経営のための資金調達の源泉は
		固定資産	固定負債			
		繰延資産	資　本		自己資本	

資産合計　　＝　　負債・資本合計

（資料）　筆者作成。

本と言い，金融機関からの借入金や，社債，支払手形，買掛金などからなるものを他人資本と言う。

　つまり，貸借対照表の右側は，企業経営のために調達した資金の総額を自己資本と他人資本に分けてあらわしているのである。

　つづいて，調達した資金が，預金や小切手，建物や機械に変わっていることを示しているのが資産である。図表5－3をみると，貸借対照表の左側にあり，上から流動資産，固定資産，繰延資産に分類される。

　企業が原材料や製品を購入し，それを生産・加工して販売し，販売代金を回収するまでの過程で，調達した資金が受取手形，売掛金，商品，製品などの資産に変化する。これを流動資産と言う。また，決算日の翌日から1年以内に現金化される予定の預金，貸付金，有価証券なども流動資産と言う。

　固定資産は，企業活動の生産・加工，販売などのために長期間使用される建物，機械装置，備品といった資産や特許権，商標権，営業権といった形はないが企業活動に有効な資産を言う。

繰延資産は，開業費や試験研究費のように，支出に対する効果が将来に渡ってあらわれるものを言う。支出した年だけの費用とせず，効果の及ぶ期間は費用計上することを商法などで認められている。このほかに繰延資産として，新株発行費や社債発行費，開発費などがある。

(3) 貸借対照表からわかること

　これまで述べてきたことをまとめると，貸借対照表は，会社の期末期にどれほどの資金を調達してきたかを自己資本と他人資本に分けて右側であらわし，調達してきた資金をどう運用しているかを左側にあらわしたものである。したがって，資産の合計額と負債および資本の合計額は一致しなければならない。

3　損益計算書

(1) 損益計算書とは

　損益計算書は企業の一定期間の経営活動による売上高，費用，利益の成果をあらわしている。すなわち，貸借対照表は期末時のストックを，損益計算書は一定期間の経営成績をフローであらわすとも言える。
　損益計算書では，企業の経営活動によって生じる様々な損益を次のように分類している。日々の経常的な経営活動によるものを経常損益とし，臨時的に発生するものを特別損益としている。さらに，経常損益は企業本来の営業活動（以下「本業」と言う）から生じるものを営業損益とし，本業以外の経営活動から生じるものを営業外損益としている。

(2) 損益計算書の構成

　損益計算書の構成をみてみよう。損益計算書は最上段に売上高を配し，様々な費用を差し引く中で5つの利益を示している。図表5－4のように売上高から売上原価を差し引いたものが売上総利益である。売上原価は原材料や製品の購入，生産・加工といった売上に直接関係する費用であることから，売上総利

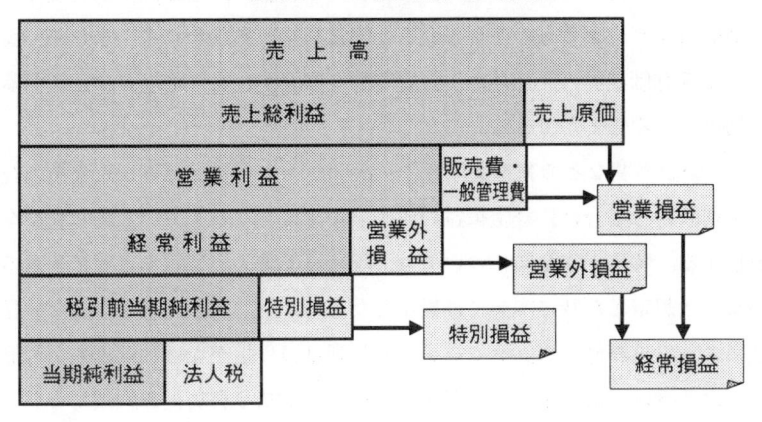

図表5－4　損益計算書の構成

（資料）　筆者作成。

益は本業の大ざっぱな生産性をあらわしていると言える。

　つづいて，売上総利益から販売費・一般管理費を差し引いたものが営業利益であり，本業で稼いだ利益をあらわしている。

　営業利益から受取利息，配当金，支払利息[5]などの営業外の損益を加減したものが経常利益であり，企業としての経営活動全般の成果をあらわしたものとなる。

　経常利益から固定資産売却益，投資有価証券売却益，固定資産除却損などの臨時的で特別な損益を加減したものが税引前当期純利益であり，企業が一定期間の経営活動を行った結果としての最終的な利益である。

　税引前当期純利益から法人税などの税金の支払額を差し引いたものが当期純利益である。当期純利益は株主へ配当したり，新たな経営活動のための内部留保（資金）として用いる。

（3）　損益計算書からわかること

　これまでに述べた損益計算書の5つの利益をみることで，どの経営活動が利益または損失を生んだのかを知ることができる。例えば，その成果が本業によ

るものであれば営業利益で示され，これに受取利息や配当金，支払利息といった金融取引などによるものが含まれると経常利益にあらわれる。そして，固定資産や投資有価証券の売却といった臨時的な取引が含まれた場合は，税引前当期純利益で知ることができる。

なお，金融機関などの利害関係者（stakeholder）が損益計算書から企業の経営状態を判断する場合は，経常損益の成果を正確にあらわしている経常利益を最重要視する。特に赤字企業については，現時点の借入金に対する支払利息の負担がないと想定した時に本業では黒字となるのかを，支払利息を含まない営業利益によって再評価する。その結果，支払利息の負担がなければ再生が可能と判断したときは，借入金の返済期限の延長や，支払金利負担を軽減するなどの企業再生策について検討することとなる。

また，当期純利益の一部は，先ほど述べたように新たな経営活動の原資となるので，貸借対照表の自己資本の一部となる。これにより，貸借対照表の自己資本は増額するので，増えた資金の運用によって経営活動することで，再び新たな利益を生む。すなわち，貸借対照表と損益計算書は密接につながっているのである。

4　キャッシュフロー計算書

(1) キャッシュフロー計算書とは

キャッシュフローとは，企業における資金の出入りのことである。黒字倒産と言われるように，損益上では利益があっても売上金の回収がされないままでは，原材料や製品の購入代金の支払や銀行からの借入金の返済が滞ってしまい，ついには倒産することにもなる。

キャッシュフロー計算書によって，損益計算書の利益ではみえてこない経営活動による資金の出入りを明らかにすることができる。

(2) キャッシュフロー計算書の構成

キャッシュフロー計算書は，図表5-5[6]のように上段から営業，投資，財務の3つのキャッシュフローに分類される。

図表5-5 キャッシュフロー様式

1	営業キャッシュフロー		
		当期純利益	○○○円
		減価償却費（＋）	○○円
		貸倒引当金増加額（＋）減少額（－）	○○円
		売掛金増加額（－）減少額（＋）	○○円
		棚卸資産増加額（－）減少額（＋）	○○円
		買掛金増加額（＋）減少額（－）	○○円
①		営業キャッシュフロー	○○○円
2	投資キャッシュフロー		
		有価証券購入（－）売却（＋）	○○円
		固定資産の取得（－）売却（＋）	○○円
		貸付の実施（－）回収（＋）	○○円
②		投資キャッシュフロー	○○○円
		フリーキャッシュフロー（①＋②）	○○○円
3	財務キャッシュフロー		
		借入の実施（＋）返済（－）	○○円
		社債の発行（＋）償還（－）	○○円
		株式発行による増資（＋）	○○円
		株主への配当支払（－）	○○円
③		財務キャッシュフロー	○○○円
		キャッシュの増減（①＋②＋③）	○○円
		キャッシュの期首残高（＋）	○○円
		キャッシュの期末残高	○○○円

（資料）筆者作成。

① 営業キャッシュフロー

営業キャッシュフローは，本業でどれだけの資金を生み出したかをあらわしている。ここで生まれた資金は，設備投資や借入金返済などの原資となる。

図表5-5では，当期純利益に減価償却費[7]と貸倒引当金[8]の増減額を加えている。これらは損益計算書上では費用として控除されるが，実際

には資金は社内に残っているので，キャッシュフロー計算書では加算する。

つづいて，2期分の貸借対照表を比較し，流動資産と流動負債の増減をキャッシュフロー計算書に加える。売掛金は販売した代金が未回収の状態であり，販売した製品の仕入原価分も回収できていない。代金回収とは無関係に仕入分の支払は実行されるので，売掛金が増加すると社内の資金は減少する。棚卸資産の増加も新たに製品を購入するため社内の資金は減少する。逆に買掛金の増加は，支払うべき資金が未払いであるので，社内の資金は増加する。

以上の操作の結果，本業によって損益ではなく資金がどれだけ生み出されたのかを明らかにすることができる。

② 投資キャッシュフロー

企業の投資活動における資金の流れを示している。投資活動の主なものは設備投資であるが，投資有価証券の取得，貸付金の実行などもある。資金を生むものとしては土地，建物，投資有価証券の売却や貸付金の返済などがある。

③ 財務キャッシュフロー

企業が本業や投資活動を補完するために，金融機関からの借入や社債の発行などによって資金を調達したり，借入の返済や社債の償還によって支出する資金の流れを示している。

(3) キャッシュフロー計算書からわかること

3つのキャッシュフローの関連をみると，営業キャッシュフローは本業での入金と支払の資金の流れを，投資キャッシュフローはそれをどう使うかをあらわしていると言える。

営業キャッシュフローと投資キャッシュフローの合計をフリーキャッシュフローと言い，これは本業の拡大や設備投資などの原資として企業が自由に使える資金である。積極的な設備投資を行う場合は，投資キャッシュフローはマイナスとなり，それに見合う営業キャッシュフローがない場合には，フリー

キャッシュフローもマイナスとなってしまう。

このフリーキャッシュフローのマイナスを調整するのが，財務キャッシュフローである。金融機関からの借入や社債の発行によって外部から資金を調達し企業の資金繰りを可能とする。

営業キャッシュフローの状況をみながら，無理のない外部からの資金調達を行うことで，設備投資や本業の拡大を図ることが，キャッシュフロー経営であり，金融機関も企業への融資を査定する指標として重視している。

第3節　財務分析の基本

1　財務分析の概要

財務分析とは，これまでに学んだ貸借対照表や損益計算書などの財務諸表を分析することで，企業の財務状況とその原因を明らかにするものである。

財務分析を大別すると，収益性分析，安全性分析，成長性分析の3つに分類される。収益性分析は投下した資本に対する利益の成績を，安全性分析は企業経営における資金調達と運用のバランスの成績をあらわすものである。

成長性分析は，収益性分析および安全性分析（以下「両分析」と言う）の成績が一過性のものでなく時系列的にも成長しているかを評価する。すなわち，両分析の結果を時系列的（通常は3期分以上）に，対象となる企業の成長の推移をみていくものである。

それでは，収益性分析と安全性分析についても詳しくみてみよう。

2 収益性分析

(1) 総資本対経常利益率

収益性分析は、企業の収益力、つまり投下した資本に対してどの程度の利益が得られるかをあらわしている。本書では基本的な総資本対経常利益率（ROA）[9]、売上高対経常利益率、総資本回転率と最近注目されている自己資本対経常利益率（ROE）[10]についてみていく。

総資本対経常利益率とは、企業全体の資本に対してどれだけの利益をあげたかをあらわしており、次の算式によって求められる。

$$総資本対経常利益率(\%) = \frac{経常利益}{総資本} \times 100$$

貸借対照表で学んだ「負債＋資本」を総資本と言い、企業経営の原資となる資金の総額である。同様に経常利益は、経常的な経営活動の利益をあらわす。すなわち、企業が一定期間経営を行い不動産売却などの臨時的な損益を除いて、投下した資本総額に対する成績をあらわしている。この数値が高いほど、投下した資本から多くの利益を生み出していると評価できる。

損益計算書で学んだように、企業の経常損益の成果を正確にあらわしたものが経常利益であることから、総資本対経常利益率は企業の総合的な収益性をみるための指標と言える。

実際には、成長性分析で述べたように3期分以上のデータを同業他社の指標値と比較して用いる。その場合、企業規模が同程度の指標値を参考にした方がよく、中小企業庁発行の『中小企業の経営指標』や国民生活金融公庫発行の『小企業の経営指標』が適当である。図表5－6は業種ごとの指標値をあらわしている。

第5章 中小企業の財務戦略

図表5－6 中小企業の経営指標（平成15年度調査）

	総資本対経常利益率(%)	経営資本回転率(回)	売上高対経常利益率(%)	自己資本比率(%)	流動比率(%)	当座比率(%)
製 造 業	5.0	1.3	4.7	39.9	163.6	121.1
卸 売 業	3.5	2.0	2.0	33.9	149.8	114.8
小 売 業	7.3	2.2	4.4	47.2	162.4	92.9
建 設 業	4.2	1.5	3.1	41.7	169.5	116.1

（資料）『中小企業の経営指標』。

（2） 総資本対経常利益率の展開

総資本対経常利益率は，次の算式のように売上高対経常利益率と総資本回転率に展開することができる。

$$売上高対経常利益率（\%）=\frac{経常利益}{売上高}\times 100$$

$$総資本回転率（回）=\frac{売上高}{総資本}$$

$$\frac{経常利益}{総資本}=\frac{経常利益}{売上高}\times\frac{売上高}{総資本}$$

（総資本対経常利益率＝売上高対経常利益率×総資本回転率）

売上高対経常利益率は，年間売上高に対する経常利益の割合を示している。
また，総資本回転率は，1年間に投下した資本が何回転分の売上をあげることができたかをあらわしている。企業は資本を投下して製品を購入し，それを販売し，売上金を回収して再度投資するという経営のサイクルを回している。したがって，回転数が高いほど少ない資本で大きな売上をあげたこととなる。

上の式のように，総資本対経常利益率の成績が良い（悪い）場合，それが，売上高に占める利益率が高い（低い）からか，または少ない（多い）投下資本で売上高を出しているのかを，さきほど学んだ指標値との比較によって分析することができる。

なお，利益率向上の改善策については，第4節で述べる。

(3) 自己資本対経常利益率

総資本対経常利益率の分母を，自己資本に変えたものである。すなわち，他人資本も含めた総資本ではなく，自己資本に対してどれだけの利益をあげるかをあらわすもので，資本の出資者である株主からの資本を有効に運用しているかを示している。

「企業は株主の利益を最優先する」との考え方が日本においても広まってきており，株式上場企業では株主資本に対する利益率を高め，企業価値をあげることが最重視される傾向にある。

しかし，中小企業は，第1節で学んだように同族企業が多く，また自己資本比率の低い企業が多いことから，金融機関などの利害関係者は，企業の財務状況をみる指標として総資本対経常利益率を重視している。

3 安全性分析

(1) 自己資本比率

安全性とは，企業にとって短期的には資金の調達・運用の，長期的には資産・資本・負債のバランスが取れているかどうかを示す指標である。本章では，自己資本比率，流動比率，当座比率についてみていく。

自己資本比率は企業の長期的な財務基盤の安定度合いをあらわし，次の数式で求めることができる。

$$自己資本比率(\%) = \frac{自己資本}{総資本} \times 100$$

自己資本は原則として返済する必要がなく，永続的に使用できる最も安定した調達資本であるので，この数値が高いほど企業の財務基盤は安定している。

通常は50％以上が望ましいとされるが，中小企業は自己資本比率が低い企業が多いことから30％以上が目標値である。

(2) 流動比率と当座比率

　流動比率と当座比率は，企業の短期的な支払能力をあらわし次の数式で求められる。

$$流動比率(\%) = \frac{流動資産}{流動負債} \times 100$$

$$当座比率(\%) = \frac{当座資産}{流動負債} \times 100$$

　流動比率は，金融機関からの短期借入金や買掛金などの支払債務といった1年以内に支払う必要のある流動負債に対する，原資となる流動資産での支払能力をあらわしている。流動資産は，ほぼ1年以内に現金化することが可能な資産である。

　業種や業態によっても違うが，中小企業の場合150％以上あれば支払能力があると，100％以下となると支払が困難と判断される。

　次に当座比率は，流動負債に対する，現金，当座預金，受取手形，売掛金など，より換金性の高い当座資産での支払能力をあらわしている。

　例えば棚卸資産は，そのままでは支払の原資とならず，売却して現金化する必要がある。また，実際には不良在庫で現金化できないものも含まれている可能性もあり，より厳正な支払能力を分析するために当座比率が用いられる。

　流動比率同様に業種や業態によって違うが，中小企業の場合80％以上あればよいとされ，70％以下となると支払が困難であるとされる。

第4節　　中小企業の財務体質強化

1　自己資本の増大

　ここまで，中小企業の資金調達上の特性や財務諸表の基本的な知識について学んできた。

　それでは，自己資本比率が低く，資金調達の多くを金融機関からの借入で賄

う平均的な中小企業は，どのような財務の体質強化策をとるべきだろうか。企業の財務体質を強化する方法として，①自己資本の増大，②自己資本の源泉である利益の創出，③効率的な資金の調達と運用の3つが考えられる。ここでは，これらについてみてみよう。

　最初は自己資本の増大である。第3節で学んだように，自己資本は原則として返済する必要がなく企業経営に最も安定した資本であることから，自己資本比率の向上が長期的な財務体質の強化へとつながる。

　自己資本の増大とは，自己資本を構成する資本金，法定準備金，剰余金の内部留保を蓄積していくことである。

　即応可能なものは増資である。中小企業の場合，経営者とその親族からの出資が大半を占めているが，大手企業のような従業員持株制度の導入も検討したい。

　つづいて，自己資本比率の向上という視点でみると，在庫管理の見直しによる過剰在庫の削減や遊休資産の売却による総資本額の圧縮も財務体質の強化につながる。第3節で学んだ総資本回転率が低い企業は，売上計画に応じた適正な在庫量を設定し余分な在庫を削減する必要がある。在庫圧縮は購入コストに加え，在庫の保管費用も削減することとなり，調達原資の短期借入金も削減できる。その結果，総資本が圧縮され自己資本額はそのままでも総資本対利益率が向上する。遊休資産の売却についても同様の効果が期待できる。

2　利益の創出

　つづいて，自己資本の源泉である利益の創出についてみてみよう。

　第2節で学んだように，当期純利益の一部を自己資本の法定準備金や剰余金へ内部留保することで自己資本を増大させることができる。利益は売上高から費用を差し引いたものであるので，利益を創出するには売上高の増加または費用の圧縮を図ることとなる。

　売上高を展開すると「売上高＝客数（販売数量）×単価」となる。すなわち，

客数(販売数量)または単価のどちらかを上げることで売上高は増加する。現状の売上高で利益を確保している企業は，売上高を増加させることでさらなる利益を創出することができる。

第3節で学んだ売上高対経常利益率が低く現状では利益を確保できない企業は，売上高に占める費用割合が多く売上高を増加させるだけでは利益確保は困難であるため，売上単価の値上げか，各種費用の削減を図る必要がある。具体的には，原材料・仕入原価，製造コスト，販売・管理費の見直しが上げられる。

また，中小企業でも，複数の事業や取扱商品を持っているので，事業や商品ごとの収益率を分析し，収益率の高い事業は新規顧客の開拓や販売単価の見直しなどによって売上高を増加させ，収益率の低い事業は製造コストや販売・管理費などの見直しによって費用を圧縮させることで，利益を創出する。

3　限界利益

前項で学んだ利益の創出において，設定した目標利益から必要な売上高を算出する手法である限界利益についてみてみよう。

利益は売上高から費用を差し引いたものであるが，図表5－7のように，その費用は固定費と変動費に分類される。固定費は，売上高の増減に関係なく一

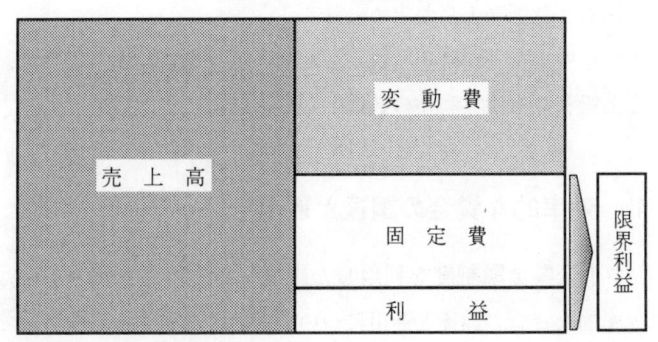

図表5－7　限界利益

(資料)　筆者作成。

定額を必要とする費用で，人件費，減価償却費，賃借料などが含まれる。変動費は反対に，売上に応じて増減する費用で，材料費や商品原価などが含まれる。

限界利益は，売上高から変動費を差し引いたものであり，固定費と利益を加えたものとも言える。そして，売上高に占める変動費の割合を変動比率と言い，1から変動比率を差し引いたものを限界利益率と言う。これらの数式は次のように示される。

限界利益(固定費＋利益)＝売上高－変動費

変動比率(％)＝変動費÷売上高×100

限界利益率(％)＝1－変動比率＝$1-\frac{変動費}{売上高}\times 100$

この数式を用いて固定費は変わらないとの想定（実際には多少変動する）で，目標利益に必要な売上高を計算することができる。

例えば，売上高1億円で変動費が6,000万円，固定費が3,000万円，利益が1,000万円の企業が，目標利益を1,500万円で計画すると次のように必要な売上高を算定できる。

限界利益＝1億円－6,000万円＝4,000万円(3,000万円＋1,000万円)

変動比率＝6,000万円÷1億円＝60％

限界利益率＝1－60％＝40％

目標売上高＝(1,500万円＋3,000万円)÷40％＝1億1,250万円

変動比率と固定費は変わらないので，目標利益額に固定費を加えたものを限界利益率で割ると計画売上高が求められる。

なお，実際に中小企業が限界利益から計画売上高を算定する場合は，第2節で学んだ売上総利益を限界利益の数値として用いることが多い。

4　効率的な資金の調達と運用

(1)　中小企業金融制度を利用した調達

最後に効率的な資金の調達と運用について学ぶこととする。第2節で学んだように，企業経営には損益だけでなく資金収支も重要である。

中小企業の資金調達の特長として，金融機関からの借入金の占める割合が大きいことはすでに述べた。また，安定した資金調達のために，自己資本を充実させることの重要性についても述べた。

ここでは，国が中小企業を保護育成するための金融制度についてみてみよう。

最初に3つの政府系金融機関について説明しよう。政府系金融機関は政府が出資し，民間金融機関では採算上融資が困難とされる中小企業に対して，長期固定金利で設備資金や長期運転資金への融資を行っており，国民生活金融公庫，中小企業金融公庫，商工組合中央金庫がある。

国民生活金融公庫は，個人事業主や小規模企業や，新規創業者を対象とした融資を行い，中小企業金融公庫は，国民生活金融公庫の対象企業よりも比較的規模の大きな中小企業を対象としている。商工組合中央金庫は，中小企業など協同組合や中小規模の事業者を構成員とする団体に対して融資を行っている。

次に，中小企業の資金調達を支援する制度として，信用保証制度がある。各都道府県および多くの政令指定都市には，県などの出資による信用保証協会があり，信用力の弱い中小企業が民間金融機関から融資をする際に債務保証を行っている。債務保証を希望する中小企業が申請すると，信用保証協会で審査され，保証を承諾されると金融機関からの融資が実行される。仮に保証先の企業が返済不能に陥った場合は，信用保証協会が金融機関に対して代位弁済を行う制度である。

これらの中小企業金融の制度を活用することで，企業は円滑な資金調達を行うことができる。

(2) 中長期的な運用

第2節においてキャッシュフローを使った資金運用の概要を学んだが，ここでは中長期的な運用についてみてみよう。

投資キャッシュフローは，設備投資を積極的に行うとマイナスとなることがある。マイナスの金額が，営業キャッシュフローを超えると，フリーキャッシュフローも赤字となり，金融機関からの借入などによって資金不足を補う必

要が生じる。

　企業が中長期計画に基づいた積極的な投資を行うために，フリーキャッシュフローが一時的にマイナスになったとしても，その投資効果によって本業の売上高が順調に伸びることで営業キャッシュフローも増加し，その結果フリーキャッシュフローがプラスに転じるのであれば問題ない。

　しかし，現有設備のメンテナンスのような維持管理への投資は，営業キャッシュフローの範囲内で行いフリーキャッシュフローをマイナスにしないことが望ましい。

〔注〕
1)　図表5－1および図表5－2の作成上の分類は次のとおりとした。
　① 資本金1億円以上を大企業，1億円未満を中小企業とした。
　② 金融機関借入金比率＝$\dfrac{短期・長期金融機関借入金}{総資産}$
　③ 社債比率＝$\dfrac{社債}{総資産}$
　④ 自己資本比率＝$\dfrac{自己資本}{総資産}$

2)　株式会社や有限会社などの営利法人は，出資した資本金を限度として責任を負えば良い。中小企業の場合，資本金額が小さく，企業所有の不動産も少ないので金融機関の信用度も低くなる。

3)　信用金庫は「信用金庫法」，信用組合は「協同組合による金融事業に関する法律」を根拠法としている。両者とも融資先は，原則として会員が対象であり，会員資格は次のとおりである。
　① 信用金庫：従業員数300人以下または資本金9億円以下の事業者。
　② 信用組合：従業員数300人以下または資本金3億円以下の事業者。

4)　財務諸表は期末時だけでなく，月次（毎月）や四半期（3ヶ月ごと）など経営期間における様々な時点において作成されるものである。本書では読者にわかりやすいように，最も一般的な期末時として説明している。

5)　中小企業の会計基準では，支払利息は販売・管理費に含まれるため，営業利益に影響を与える。しかし，中小企業庁が発行している『中小企業税制』『中小企業の会計』において，その他企業と同様に営業外費用として扱っているので，本書でも支払利息を営業外費用とする。

6)　キャッシュフロー計算書には直接法と間接法の二通りがある。直接法は計算に手間を要するので，本書では間接法を用いている。

7) 建物，機械装置などの固定資産は，時間の経過によって価値が減少していくので，取得した原価について一定の方法で分割して決算期ごとに費用として控除することができる。実際の支払は取得時に済んでいるので，控除分は社内に資金として残る。
8) 売上代金の未回収先が倒産などによって，資金回収が不可能となる可能性が高い場合，貸倒引当金として費用の控除ができる。実際に貸倒れが起きない限りは，控除分は社内に資金として残る。
9) Return on Assets の略。
10) Return on Equity の略。

〔参考資料〕
〔1〕 大野敏男『財務分析の実践活用法』経済法令研究会，2003年。
〔2〕 清成忠男・田中利見・港　徹雄『中小企業論』有斐閣，1996年。
〔3〕 財務省『法人企業統計年報』(1994年度－2003年度)。
〔4〕 中小企業庁編『中小企業白書』(2003年版－2005年版)。
〔5〕 中小企業庁編『中小企業税制』(2004年度版)。
〔6〕 中小企業庁編『中小企業の会計』(改訂版)。
〔7〕 中小企業庁編『中小企業の経営指標』(2004年度調査)。
〔8〕 中沢　恵・池田和明『キャッシュフロー経営入門』日経文庫，1998年。
〔9〕 藤井正嗣・リチャード・シーハン『英語で学ぶＭＢＡベーシックス』ＮＨＫ出版，2002年。
〔10〕 渡辺幸男・小川正博・黒瀬直宏・向山雅夫『21世紀中小企業論』有斐閣アルマ，2001年。
〔11〕 「会計ビックバン　キャッシュフロー」，『日本経済新聞』1999年7月13日～7月16日付。

(山本　公平)

第6章

わが国中小製造業のマーケティング

第1節　わが国中小製造業経営とマーケティングの意義

1　中小製造業と製品

(1)　中小製造業の類型

　中小製造業の経営形態は多岐に渡る。特定の大企業（親企業）の傘下で特定の部品などを，親企業へ供給することにすべての経営資源を集中させる下請け型企業もあれば，自社独自の技術を基に製品化を図り，直接市場に流通させようとする自立型企業もある。

　しかし，近年は下請け型企業にあっても，その経営の方向は多様化しており，特定の親会社との関係をさらに深化しその取引基盤を強化しようとする企業もあれば，系列を超えて受注先親会社を開拓する企業も増加している。また，一方では，独自製品を開発し脱下請けを目指す企業も増加傾向にある。このように多様な経営形態を持つ中小製造業の中で，本章においては独自製品を持ち，一般消費者や特定の親会社以外のユーザー，または商人に直接取引を試みようとする中小製造業について論を進めていく。

(2)　中小製造業における製品

　製造企業が製造する製品の区分には，一般的な概念として食品や日用品などの消費財，窓枠や床パネルなど第三者が何らかの加工を加えることで製品化す

る中間財,さらに,工場や事業所などで使用される機械・装置などの生産財に区分されるが,ここで最終使用者の視点から区分を試みると,電気ドリルなどのように一般消費者が購入すれば耐久消費財となるであろうが,事業者が購入すれば生産財とも言える区分もある。混乱を避けるため,本章では一般的な概念による区分を用いる。ただし,この中の消費財を除き,中間財(要素部品除く),生産財について論を進める。

2 中小製造業の経営特質と経営資源分析

(1) 中小製造業の経営特質

　ここで,マーケティング論を展開するにあたり,なぜ中小製造業の経営特質や経営資源について触れる必要があるか説明する。後述のようにマーケティング戦略を構築する場合,必須となるのが,機会の発見および,経営資源の分析,特に自社の強みを十分に把握することである。この分析がなされて始めて妥当性の高いマーケティング戦略が構築できるからである。

　中小製造業には,必ずしも際立った独自技術を有しているわけではないが,卓越したアイデアと行動力により製品改良や新製品開発などを行うアイデア志向型企業と,優れた技術シーズを拠り所に製品改良や新製品開発を行う技術力志向型企業がある。

　アイデア志向型企業の問題点は,市場において機会発見の洞察力に優れているが,製品開発を急ぐあまり自社技術力の不足を補いきれず,妥協の内に製品を開発してしまうケースが多いことである。

　技術シーズ志向型企業の問題点は,アイデア企業型と逆に優れた技術力に依存過多となり,市場が求める製品開発とはかけ離れたものを開発してしまう危険性がある。

　中小製造業がこのような経営特質を持つに至った背景には,中小製造業の経営者の属人的特性と深いかかわりがあると考えられる。言いかえると経営者の持つ強みがその企業の特性となっていることを意味する。これは中小企業に多

第6章 わが国中小製造業のマーケティング

くみられる傾向である。

(2) 中小製造業の経営資源

一般的に経営資源と言えば，人材，製品，資金，情報を指しているが，中小製造業の場合そのいずれも過少であることは言を待たない。しかし，マーケティングの視点で経営資源を分析してみると，製品，価格，販売促進，販売チャネルとなり，その構成要素は変化する。

視点を変えることにどのような意味があるのか，一般的に，中小企業の資金調達力はきわめて脆弱である。特に新製品開発や新分野進出など，イノベーション（innovation）を行おうとする中小企業ほど資金不足の悩みを持つケースが多い。これは自力解決困難な資金や人材などに焦点をあてるとともに，すべてを自力解決しようとすることにより発生する障害であり，多くの中小企業にみられる傾向である。

一方，マーケティングの視点で経営資源をみると，その中核をなすのは製品力であり，市場ニーズである。これは市場が求める製品こそが唯一対価を得る対象物となることを意味する。これこそ，企業規模の大小にかかわらず，平等の機会があることを示唆している。

後述する製品とマーケティングの関係でもみられるように，市場において機会となりうる魅力的な情報やヒントを得ることができた場合，新たな製品を開発，または既存品を改良し，製品化することとなろう。そして，その製品が画期的な新製品でないとしても製品力を高めることが販売促進を容易にし，販売チャネルの構築も可能となり，その結果として対価獲得を実現することとなる。

このような製品高度化はアイデア志向型企業のように優れた市場情報分析力と洞察力が必要であり，発見された機会を実現するための製品化技術力がきわめて重要である。この場合，技術力志向型企業がその真価を発揮する。このように一般的な経営資源は不足しているとしても，マーケティングの視点からみると，限られた領域であるとはいえこれらは中小製造業者がすでに保有しているか，中小製造業者間同士の相互協力により獲得可能である。

3 中小製造業におけるマーケティングの役割と意義

(1) 企業外部における環境変化への対応

マーケティングの役割については，AMA（American Marketing Association）により定義され，また，多くの研究者によっても述べられている。そして，その定義の核心は自社資源と経営環境との適合である。本章では企業外部で派生する環境変化への対応，ならびに企業内部における経営機能の側面からマーケティングの役割を述べる。

多くの中小製造業は，ニッチ市場を生存領域とし，限定された製品を製造している。その市場がつねに安定している限り何ら問題はない。しかし，技術革新やグローバル化，人口構成の変化などの環境変化により，その市場が急激であれ，徐々であれ，質的，量的に変化してきた場合，その対応に遅れた企業は危機を招く。

しかし，一方ではその環境変化に機会を見出し，いち早く対応した企業は大きな成果を得ることとなる。マーケティングの役割とは，このような環境変化をいち早く読み取り，自社にとっての機会と脅威を発見しその対応方向を導き出す役割がある。

中小製造業が経営を継続していくためには，つねに市場と向き合い，市場が求めるものを発見し提供する役割を果たしつづけることが重要である。この市場を起点とした行動を促すのもマーケティングの役割であろう。また，環境の変化に適応するということは，過去の成功に甘んじることなく，つねに新たな挑戦（革新）を行う必要性を示している。

(2) 企業内部における諸機能の統合

中小製造業が事業を営んでいく中で主たる部門をあげれば，製造部門，マーケティング・販売部門，管理・経理部門の，3つがあげられる。前述のように環境変化に素早く対応し，継続的経営を行うにはこれら部門機能の統合が重要になる。例えば，環境変化の予見から，新製品開発などの何らかの対応が求め

られている場合，製造部門と販売部門など企業内部の部門間で情報の伝達や意思の疎通，共通認識が必要であり，これら協働が不足すると，それぞれが，それぞれに自部門の論理を優先させることとなり，結果的に経営資源は分散され，環境変化に対応できなくなる。

したがって，中小企業が環境変化に対応するためには，すべての部門がつねに市場と向き合い，市場のニーズを充足するために存在することを共通価値観として持つことを前提とし，次に，それぞれの部門に対して果たすべき役割や具体的な目標を明確にしておく必要がある。このように，組織に一定の方向づけを行う諸機能の統合の役割を果たすのがマーケティングの役割である。

第2節　わが国中小製造業のマーケティングの課題と対応

本節では，マーケティングを構成する諸要素の中で，中小製造業において特に課題になると考えられる製品戦略と販売チャネル戦略について述べる。

1　新製品開発と製品差別化

（1）　新製品開発とその視点

製品はマーケティングを構成する諸要素の1つにあげられるが，製品は諸要素の中で最も重要な要素である。なぜならば，顧客が支払う対価の対象となるのは唯一製品だけだからである。このようにマーケティング要素の中で重要な位置を占める製品力をいかに高めていくか，つきつめると，結果的に製品開発や改良に行き着くであろう。では，この製品開発や改良をどのような視点で行うべきであろうか。新製品開発や改良の視点について2つの重要なポイントがあげられる。1つには，製品コンセプト（concept）の明確化である。2つ目には，製品開発レベルをどの程度に定めるかである。

製品コンセプトの明確化では，自社の事業分野や製品分野市場において，満

たされていない市場ニーズ（needs）は何か，それは何を求めているのか，そしてそれは自社で提供可能か，どのように具現化するのか，を探索することが製品コンセプトの明確化である。言いかえると市場の求めるニーズに対して自社はどのように答えるか，である。

自社の持つ技術シーズのみを中心に製品開発や改良を行うことも否定はしないが，市場の求めるニーズを置き去りにした製品開発は，技術的にいかに優れていても市場が受け入れるとは考えにくい。

新製品開発レベルでは，世界的に新しい，日本で新しい，ターゲット市場で新しい，自社にとって新しいなど，どの程度の新しさを追求するかと言う問題である。自社の持つ技術力がレベルの設定に大きく影響する。

図表6－1からみられることは，市場にとって新しい製品開発が最も成果を生み出していることである。開発レベルを決定するにあたり，このデータは注目に値する。ただし，ここで言う市場とは，どの範囲をあらわすのかきわめて重要な問題である。

図表6－1　製品・サービスの先進性と総資産営業利益率（平均値からの乖離幅）

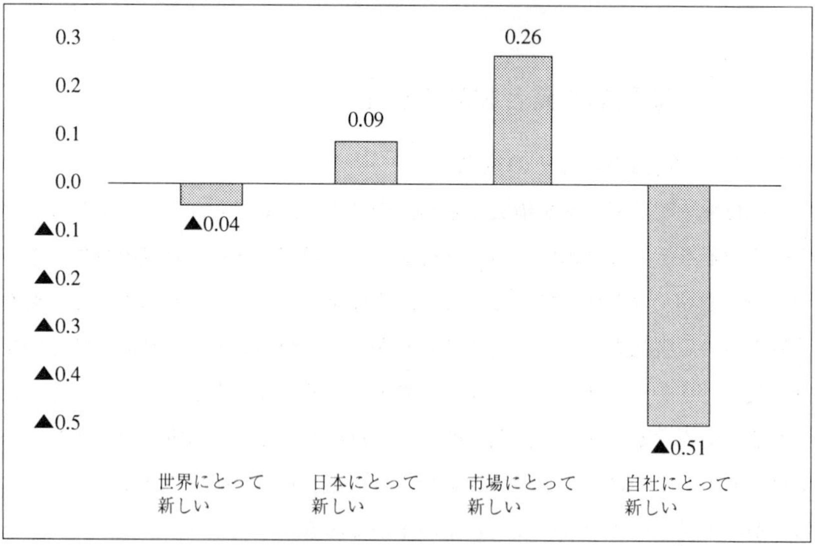

世界にとって新しい	日本にとって新しい	市場にとって新しい	自社にとって新しい
▲0.04	0.09	0.26	▲0.51

（資料）　中小企業庁「経営戦略に関する実態調査」（2002年）。

第6章　わが国中小製造業のマーケティング

例えば，環境関連分野を例にあげると，限定的なターゲットの1つである下水処理分野に焦点をあてるのか，分野を拡大して汚水処理分野とするのか，さらに拡大して水処理全般分野とするのか，自社の技術力との兼ね合いになるであろうが，あまりにもニッチな市場に焦点をあてることは，今後の企業成長に制約を加えることにつながる。

(2)　製品差別化

新製品は競争製品に対して何らかの優位性を確保しなければ市場において製品開発の成功は期待しがたい。また，既存製品であれば残存できる可能性はきわめて低くなる。このように製品差別化は製造業者にとってきわめて重要なものであるにもかかわらず，一般的に中小企業においては製品差別化の目的と重要性が理解されていないケースが見受けられる。

製品差別化の本来の目的は，既存製品と比較して顧客便益をさらに高めることにあり，提供側の思いこみや自己満足的な製品差別化などでは顧客便益を高めることにはつながらない。このことは，顧客志向による製品差別化が必要であることを示している。

顧客便益を高めるための差別化要素を発見する方法として，機能分析やポジショニング分析が利用されることがある。下記にその例を提示する。

図表6－2　機能分析（剪定樹木破砕装置を例に）

既存他社製品概要と問題点
⇩
新製品開発，改善の実施
⇩

製品差別化内容	付加された機能	顧客便益・効果
車載型とした	高速移動機能が付加	処理現場の拡大
高速回転歯使用した	微細破砕機能の付加	処理物の再利用が可能
処理物貯蔵タンクを内蔵	貯蔵機能の付加	処理物の運搬回数削減

（資料）　著者作成。

図表6－3　ポジショニング分析(剪定樹木破砕装置を例に)

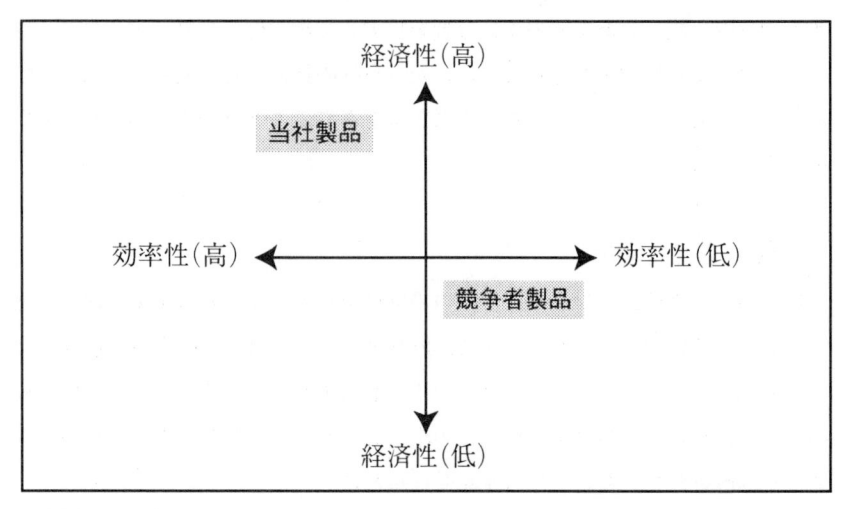

```
                    経済性(高)
                       ↑
            当社製品   │
                       │
    効率性(高) ←───────┼───────→ 効率性(低)
                       │
                       │   競争者製品
                       ↓
                    経済性(低)
```

(資料)　著者作成。

　このように縦軸，横軸ともに顧客便益やニーズを配置することで，自社，他社どちらの製品が顧客便益を確保しているかが判明する。ここの例では1つのポジショニングを行っているが，実際には縦軸，横軸を多様な角度（便益やニーズ）で配置することで，自社の製品差別化の程度が確認される。

2　中小製造業の販売チャネルの課題と対応

(1)　既存チャネルの課題と対応

　何らかの差別的優位性を持つ製品を開発しても，流通経路が確保されなければ，流通過程に乗ることはできない。したがって，販売チャネルの果たす役割は，企業規模の大小や生産財，消費財の如何にかかわらず製品供給者とユーザーの間に横たわる距離的，時間的，情報的乖離を埋めることにある。このチャネルには，製造業者自らが販売を行う「直販チャネル」と，卸商などに販売を委託する「間接チャネル」が考えられる。

しかし，一般的に中小製造業は，経営資源の制約により，限定された製品を限定された市場に提供するケースが多いことから，そのチャネルも少数の販売店依存となり，大規模な直販チャネルを保有するケースは少ない。このため販売地域やカバレッジ市場も限られたものとなる傾向にある。また，チャネルの力関係では，中小製造業者がチャネルリーダーとなることはきわめて困難であると考えられる。このように，中小製造業におけるチャネルの現状は，「政策」と呼べるレベルに達し得ていないケースが多いと考えられる。

　中小製造業のチャネル政策を考えるにあたっては，主体性と計画性を持ったチャネル政策が必要であると考えられる。主体性，計画性を持ったチャネル政策とは，自社の製品が有する機能により，その便益を歓迎する市場（顧客・ユーザー）が確定される。この確定された市場は時として複数であり，その流通チャネルも多岐に渡る。この複数の市場に対し，どのチャネルを利用するか，どの卸商を利用するか，どのような権利・義務を課すか，などの設計である。

　また，推定される市場規模やチャネルの性格などから，製造業者自らが直接販売する構想も主体的なチャネル政策の一部となる。

　しかし，現状の中小製造業者では，このような主体性，計画性を持ったチャネル政策を採用しているケースはきわめて少ないと考えられる。このため既存製品であれ，新たに開発した製品であれ，従来の限定的チャネルを通じて，従来の限定的市場（顧客・ユーザー）に向けた活動を行う限りは，市場から得られる成果は限定的であり，まして異なる市場から成果を得ることは困難であると考えられる。

(2)　新規チャネル開発の課題と対応

　自社の製品を市場に提供しようとするものは，その市場において何らかの機会を発見し，標的顧客を設定する。その上でユーザーの購買方法の多様化をも加味したチャネル設計を行うこととなる。しかし，多くの中小製造業者においては，ブランド力やマーケティング力などの脆弱さから，主体的，計画的に設計され市場にフィットしたチャネルを確保するケースはきわめて少ないと考え

られる。現状では，少ないチャネル選択肢を基に，ほぼ無基準，無秩序にチャネルが構築されたケースが多く見受けられる。

　このようにして形成されたチャネルでは，当初設定された標的市場のみで充分な成果を得ることは困難である。さらに，当初設定された標的市場以外の潜在的な市場の発見はなお困難となる。

　このような販売機会ロスを防止するとともに，新たな企業成長を実現する手段として，計画的なチャネル設計に基づき，最も市場にフィットしたチャネル開発を行う必要があり，加えてユーザーの購買方法の多様化をも考慮したチャネルを開発する必要がある。言いかえると，マーケティング・チャネル多様化の実現である。

　一般的に中小製造業における企業間取引の方法としては，少数の固定化・限定化された卸商との間によるきわめて限定的な範囲での商活動が中心であり，このように限定された，単一的なチャネルを「単一型チャネル政策」と呼ぶ。

　多くの中小製造業は，今日に至るまで限定的な単一チャネル政策を採用してきた。しかし，わが国のデフレ経済化の進展や業際化の進展，競争の激化などを背景に，最終ユーザーによる資材調達方法の見直しや取引先の絞り込みなどの行動を誘因することとなった。加えて，情報技術 (information technology) の進展が調達・受注方法の多様化をさらに加速させることとなった。このことにより，最終ユーザーから排除される卸商や生産者が多数発生すると考えられる。

　このように最終ユーザーや消費者から排除された卸商の中に，中小製造業者の販売代理商がいた場合，中小製造業者が受ける影響は多大なものとなる。このような販売減少につながるリスクを回避するためにもチャネル多様化の意義がある。

　そこで，チャネル多様化の方向性について整理してみる。チャネル多様化の方向として，「垂直的多様化」「水平的多様化」「マルチ的多様化」の3つの多様化の方向があると考えられる。「垂直的多様化」とは，中小製造業者が自社の手で卸商，または小売商の機能を果たすことでチャネルの多様化を図ることを指し，「水平的多様化」とは，販売面において同業の製造業と何らかの販売関

第6章　わが国中小製造業のマーケティング

　しかし，一般的に中小製造業は，経営資源の制約により，限定された製品を限定された市場に提供するケースが多いことから，そのチャネルも少数の販売店依存となり，大規模な直販チャネルを保有するケースは少ない。このため販売地域やカバレッジ市場も限られたものとなる傾向にある。また，チャネルの力関係では，中小製造業者がチャネルリーダーとなることはきわめて困難であると考えられる。このように，中小製造業におけるチャネルの現状は，「政策」と呼べるレベルに達し得ていないケースが多いと考えられる。

　中小製造業のチャネル政策を考えるにあたっては，主体性と計画性を持ったチャネル政策が必要であると考えられる。主体性，計画性を持ったチャネル政策とは，自社の製品が有する機能により，その便益を歓迎する市場（顧客・ユーザー）が確定される。この確定された市場は時として複数であり，その流通チャネルも多岐に渡る。この複数の市場に対し，どのチャネルを利用するか，どの卸商を利用するか，どのような権利・義務を課すか，などの設計である。

　また，推定される市場規模やチャネルの性格などから，製造業者自らが直接販売する構想も主体的なチャネル政策の一部となる。

　しかし，現状の中小製造業者では，このような主体性，計画性を持ったチャネル政策を採用しているケースはきわめて少ないと考えられる。このため既存製品であれ，新たに開発した製品であれ，従来の限定的チャネルを通じて，従来の限定的市場（顧客・ユーザー）に向けた活動を行う限りは，市場から得られる成果は限定的であり，まして異なる市場から成果を得ることは困難であると考えられる。

（2）　新規チャネル開発の課題と対応

　自社の製品を市場に提供しようとするものは，その市場において何らかの機会を発見し，標的顧客を設定する。その上でユーザーの購買方法の多様化をも加味したチャネル設計を行うこととなる。しかし，多くの中小製造業者においては，ブランド力やマーケティング力などの脆弱さから，主体的，計画的に設計され市場にフィットしたチャネルを確保するケースはきわめて少ないと考え

られる。現状では，少ないチャネル選択肢を基に，ほぼ無基準，無秩序にチャネルが構築されたケースが多く見受けられる。

このようにして形成されたチャネルでは，当初設定された標的市場のみで充分な成果を得ることは困難である。さらに，当初設定された標的市場以外の潜在的な市場の発見はなお困難となる。

このような販売機会ロスを防止するとともに，新たな企業成長を実現する手段として，計画的なチャネル設計に基づき，最も市場にフィットしたチャネル開発を行う必要があり，加えてユーザーの購買方法の多様化をも考慮したチャネルを開発する必要がある。言いかえると，マーケティング・チャネル多様化の実現である。

一般的に中小製造業における企業間取引の方法としては，少数の固定化・限定化された卸商との間によるきわめて限定的な範囲での商活動が中心であり，このように限定された，単一的なチャネルを「単一型チャネル政策」と呼ぶ。

多くの中小製造業は，今日に至るまで限定的な単一チャネル政策を採用してきた。しかし，わが国のデフレ経済化の進展や業際化の進展，競争の激化などを背景に，最終ユーザーによる資材調達方法の見直しや取引先の絞り込みなどの行動を誘因することとなった。加えて，情報技術（information technology）の進展が調達・受注方法の多様化をさらに加速させることとなった。このことにより，最終ユーザーから排除される卸商や生産者が多数発生すると考えられる。

このように最終ユーザーや消費者から排除された卸商の中に，中小製造業者の販売代理商がいた場合，中小製造業者が受ける影響は多大なものとなる。このような販売減少につながるリスクを回避するためにもチャネル多様化の意義がある。

そこで，チャネル多様化の方向性について整理してみる。チャネル多様化の方向として，「垂直的多様化」「水平的多様化」「マルチ的多様化」の3つの多様化の方向があると考えられる。「垂直的多様化」とは，中小製造業者が自社の手で卸商，または小売商の機能を果たすことでチャネルの多様化を図ることを指し，「水平的多様化」とは，販売面において同業の製造業と何らかの販売関

係を持つことでチャネルの多様化を図ることを指す。「マルチ的多様化」とは，これらのすべてを含むチャネルの多様化政策であり，ここでは，「マルチ・チャネル政策」と呼ぶ。

このように中小製造業においても，単一的チャネルのみに依存する体質から脱却し，チャネル多様化に果敢にチャレンジしていく必要性があると考えられる。実際にインターネットを利用している企業による調査でも，受注・販売方法の多様化の結果，顧客獲得効果が顕著であるとされている[1]。

第3節　わが国中小製造業マーケティング・イノベーションの展望

1　中小製造業，ネットワーク化への取り組み

中小企業が成長し飛躍するためには，環境変化に対応したイノベーションが必要であろう。しかし，脆弱な経営資源という制約のもと，中小企業がイノベーションを行うことは大きな困難がともなう。特に製品開発とマーケティングの面において超えなければならない障壁は高い。このため，中小企業がイノベーションを行う場合，可能な限り経営リスクを最小化する手段や仕組みを用意することが重要であろう。

その仕組みには3つの要素があると考えられる。1つは，異業種を含むネットワーク化である。ネットワークの形態としては，同業または異業種の中小企業間の産・産ネットワーク，大学とのネットワークである産・学ネットワーク，あるいは，公的研究機関などを交えた産・学・官ネットワークである。ネットワーク化の主目的は所有する経営資源の相互活用と補完にある。特に製品開発技術や製造ライン，アイデアや市場情報の共有化と活用，販売力の相互補完などでその効果が発揮できると考えられる。また，企業経営者同士の人的関係が深まることにより相互啓発の面でも大きな効果が期待できる。

(1) 産・産ネットワーク

具体的な産・産ネットワーク化の利点は，製品開発において最も重要な市場ニーズ（情報）の収集やアイデアの交換，試作や製造段階での不足能力の補完により開発投資リスクを分散できる。特に参加企業による共同製品の開発においては，多様な業種の企業参加によるネットワーク化はこれらの利点が増大する。

(2) 産・学ネットワーク

産・学ネットワーク化では，大学などが持つ高度な技術シーズをベースに産の製品化技術や熱意により，実際の製品として市場に供給が可能となる。このことは，学にとって研究の範囲で完結していたシーズを実際に市場に問うことを意味しており，大学発ベンチャーへとつながることとなる。一方，産側では学の参加により，自社で得ることが困難な高度な技術シーズを得ることが可能となり，また，自社では克服困難な技術課題についても学の協力により克服が可能となる。

(3) 産・学・官ネットワーク

産・学・官ネットワークでは，前述の産・学の利点に加え，研究開発に必要な資金的支援も期待できるとともに製品化された後，公的機関などによる報道などのサポートを通じて製品の認知度が高まり，市場開拓などの負担軽減につながる。

2　セールス・レップの活用

2つ目として，セールス・レプレゼンタティブ (Sales Representatives) 通称セールス・レップの活用である。セールス・レップとは，マーケティング・チャネルの一形態であるが，日用雑貨や玩具などを小売店の専用陳列棚に自分で陳列，値付けし巡回訪問の委託販売を行うラック・ジョバー[2]，あるいは買い手

第6章　わが国中小製造業のマーケティング

と売り手を捜し出し，その価格交渉を請け負い，買い手と売り手をつなぐことを主務とし，在庫や金融機能，危険負担を負わないブローカーとも異なる[3]。

セールス・レップは，製品の所有権を持たず，在庫も持たない。製造業者などとの契約に基づき，指定された地域または特定の顧客群に，指定された製品の販売を実行し，若干の基本料と販売実績に応じたコミッションを受け取る。ただし，セールス・レップによっては，コミッションのみの場合もある。

これらは独立した事業者であり，他人により生産された製品などの販売を請け負う，言わば販売のプロ集団である。セールス・レップの特徴は，その地域に密着した活動を行っており，その活動領域において，同時並行で競合せず相乗効果が期待できる複数の製造者と契約を交わし，顧客開拓活動や市場情報の収集，分析を行う役割を果たす。

セールス・レップを利用する製造者側の利点として，1つには，コミッションによる報酬が主となることから，人件費の流動化が可能となる。多数の正規営業員を雇用するのが困難な中小製造業者にとって人件費負担の軽減は大きな利点である。2つ目としては，各地域のセールス・レップと契約することにより，中小製造業者では困難な短時間での全国展開が実現できる。この2つの利点は経営資源の脆弱な中小製造業者にとって，リスク回避と販売機会の増大と言う意味ではきわめて大きな利点であろう。

現在わが国においてセールス・レップの知名度は低く，存在そのものが認知されていないと思われる。しかし，最近では地方都市においてもセールス・レップの事業者が出現し始めており，今後中小製造業者のマーケティング・チャネルの一形態として定着していくと考えられる。

3　情報技術の活用

3つ目には，情報技術活用の促進である。請求業務や人事労務管理，あるいは研究開発や生産管理などあらゆる分野で情報技術の活用が望まれるが，特にここではマーケティング分野における活用について触れる。百瀬 (2000) は電子

商取引についての意義を，新しいビジネスモデルの出現であり，価格破壊と顧客の囲い込みを実現するものであると述べている。

　中小企業が情報技術を活用する意義は，百瀬の言うところの新しいビジネスモデル，仕組みの構築と不足する経営資源の補塡にあると思われる。前述のようにBtoBを含むマーケティング・チャネルの多様化を図るにしても，企業間ネットワークの構築やセールス・レップの活用などを実行するにしても，情報技術を媒体として，情報収集や交換のあり方，販売促進のあり方，サービスのあり方，ユーザー管理のあり方などすべてにおいて改善をともなうことが仕組みを構築することにつながり，加えて不足する経営資源の補塡につながると考えられる。

〔注〕
1）　江尻　弘『営業の常識』日本経済新聞社，1995年，161－163ページ。
2）　土井康男『米国インダストリアル・マーケティング・チャネル』同文舘出版，1999年，22ページ。
3）　同上書，22ページ。

〔引用・参考文献〕
〔1〕　清成忠男・田中利見・港　徹雄『中小企業論』有斐閣，1996年。
〔2〕　田内幸一・村田昭治編『現代マーケティングの基礎理論』同文舘出版，1981年。
〔3〕　中小企業庁編『中小企業白書』(1999年版) 大蔵省印刷局，1999年。
〔4〕　中小企業庁編『中小企業白書』(2002年版) 大蔵省印刷局，2002年。
〔5〕　中小企業庁編『中小企業の新しいものづくり』財団法人通商産業調査会，2000年。
〔6〕　中小企業庁編『経営戦略に関する実態調査』2002年。
〔7〕　土井康男『米国インダストリアル・マーケティング・チャネル』同文舘，1999年。
〔8〕　保田芳昭『マーケティング論』大月書店，1999年。
〔9〕　百瀬恵夫『中小企業論新講』白桃書房，2000年。
〔10〕　森　正紀『工業の経営学』中央経済社，1998年。

（山崎　良一）

第7章

中小企業のIT活用と情報管理

第1節　企業とIT化

1　情報をめぐる近年の企業環境

　情報通信技術の急速な進展により，ビジネスのあらゆる分野で，通信網や情報機器を駆使して情報が活用されるようになった。従来，情報処理に関しては情報の専門家が担当していたが，近年は，これらの技術や機器をツールとして自ら活用するエンドユーザー（自分の目的遂行のために様々な情報処理を行う利用者）の時代になっている。組織のすべての成員が，変化する経営環境の中で，いかに迅速に正確な情報を入手または作成し，処理・活用し，的確な意思決定につなげていくかということが求められている。情報システムが，ビジネスの合理化や省力化の支援だけでなく，今まで人間が行っていた知的創造分野の支援まで活用の可能性が広がっている。

　また，ネットワーク技術の進展により，今まで以上に時間の効率化や場所を超えた情報の活用ができるようになり，ビジネスチャンスも大きく拡大している。その一方で，ネットワークの悪用，情報流出などが顕在化し，それらへの対応や防御策のいかんによって，企業の信頼性が大きく損なわれる事態も増加している。多くのリスクからいかに組織や顧客情報を守っていくか，情報セキュリティの問題が大きくクローズアップされている。

　2005年4月より「個人情報保護法」が全面的に施行され，個人情報を取り扱う事業者は，より慎重な取り扱いをすることが明確に義務づけられた。また，

規制に該当する事業者でなくとも，情報をめぐる様々なリスクに対する管理認識と体制の強化が急務である。企業のＩＴ（情報技術：Information Technology）戦略では，活用とともに適切な情報管理対策が必要であり，企業の情報に関するリスク回避と信頼性の向上をめざしながら，ビジネスチャンスを拡大していく。

2　ＩＴ化の意味するもの

　高度情報化社会と言われる中，「情報化」という用語に加えて，「ＩＴ化」という表現が多く用いられるようになってきている。

　「情報化」という用語は，「情報技術の普及や導入したことによる仕事上の効率化，または社会生活上の革新」というように社会全般を含んで用いられることが多い。一方，ＩＴという用語は，情報技術という意味であるが，2000年以降日本で広く使われるようになった[1]。「ＩＴ化」は，「事業体でのネットワーク利用を含む高度な情報技術の活用」という意味を含んでいるように思われる。情報通信技術が急速に進展していく中で，生活全般を含める場合には「情報化」，最近の事業体の情報活用動向を掌握する際には，「ＩＴ化」という用語がよく用いられている。

　そこで，最近のＩＴという用語の意味の捉え方をいくつかみてみよう。

　竹野忠弘助教授によれば，「情報化」は，主に情報通信関連機器などのデバイスの側面に重点を置いた定義であり，その進展度は，電子機器の普及率，すなわち所有比率や使用頻度によってはかられている。「ＩＴ化」では，「情報化」機器を端末やインフラとした，ネットワーク構築度によってはかられる。「～化」とは進展していく状態をあらわしたものであり，重点とするものが，「情報化」ではデバイスの普及率であり，「ＩＴ化」ではネットワーク構築度であると捉えている[2]。

　太田一樹教授は，1980年代の情報技術から波及する技術革新の総称を「情報化技術」，現在の情報技術から波及する技術革新をＩＴとして使い分け，その相

違について情報をアナログからデジタルへと処理できる点であると述べている。技術的事象だけでなく経済社会やビジネス・マネジメントのあり方までも変革するという[3]。

川上義明教授は，ＩＴを「コンピュータを利用した電子的な情報のやり取りに関する，すなわち情報の提供，獲得，共有，格納，検索，識別，処理，加工，分析などに関する技術」と具体的に内容をあげて規定している[4]。

さらに，川上教授は，今日のＩＴにかかわる大きな変化や進歩を，「情報技術革新」（ＩＴイノベーション）と呼び，ＩＴという用語が定着した今日の段階で，企業とＩＴの関係を詳細に分析している。それによれば，「諸企業がコストを削減し，効率化を図り，新しい市場やニーズに対応していくために，独自にコンピュータ・システム，コンピュータ・ネットワークを導入し，利用していくことを"企業のＩＴ化"」，「新しいコンピュータ・システム，コンピュータ・ネットワークの構築・運用を企業がユーザーに対して進めていくことを"ＩＴの企業化"」と規定している[5][6]。川上教授は，ＩＴの活用により企業自身の内外活動を効率化・活発化させるものと，ビジネスとしてさらに高度に，または新たに展開していくものとに分類して考察している。

情報通信技術の進展とその活用の広がりにより，ＩＴという用語に含まれる内容も拡大している。ここでは，コンピュータ・ネットワークを中心とした事業体の情報通信技術の活用とし，それらの進展度を「ＩＴ化」として捉える。

3　今日のＩＴ化のめざすもの

ＩＴの急激な進展の中で，ＩＴを経営にどう活かすかが重要なポイントとなる。ＩＴは，利益率を確保し，企業間での差別化を図るツールとして重要視されるようになってきている[7]。企業における取り組みは，業務プロセスを論理的に組み立てなおし，より迅速な処理，不効率的部分の是正，情報利用による不確実性の削減を図る。それらが顧客対応力の強化や企業間コラボレーションへの取り組みに影響していく。経営，業務遂行のための必要情報の判断，情報

収集の手段,情報の取捨選択,情報作成・分析の技法,情報提供など,情報の処理と管理に対する理解が求められる。

情報化,事務処理の効率化を図る際には,いずれの段階においても,その前提として,現状の分析,実現した際のメリット,推進していくために必要な心構えや知識・技術等について,管理者から現場の従業員全員が十分な認識をもち実践していくことが前提になる[8)9)]。

ハマーとチャンピ(Michael Hammer & James Champy)が「情報技術の真の力は古いプロセスを改善することにあるのでなく,古いルールを壊し,新しい仕事のやり方を創造すること,つまりリエンジニアリングすることにある」[10)]というように,新たな創造のためのIT利用を考えていく。さらに,今日の高度情報通信技術は,その効果的な利用により,組織内の効率化だけでなく,新たなビジネスチャンスを生み出している。

第2節　企業のIT活用の動向

1　企業におけるIT活用ニーズ

企業は,経営においてITをどのようなことに活用しようとしているのか。「企業IT動向調査2004」によると,次のようなことがあげられている[11)]。

① 新商品,新サービスによる顧客確保
② 顧客重視の経営
③ 業務プロセスの構築・再編成(システムBPR:Business Process Reengineering)
④ 従業員の意識,組織,制度などの変革(ヒューマンBPR)
⑤ 上記システムの基盤となるインフラの整備

経営目標に向けたこれらのITニーズとめざす効果は図表7－1のようにまとめられる。

第7章 中小企業のIT活用と情報管理

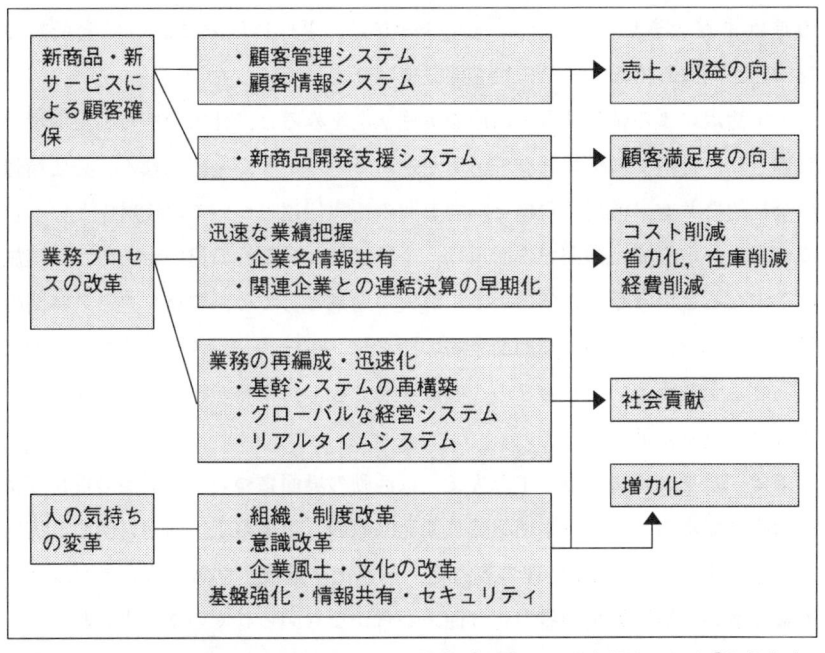

図表7－1 経営目標に向けたITへのニーズ

新商品・新サービスによる顧客確保	・顧客管理システム ・顧客情報システム	→	売上・収益の向上
	・新商品開発支援システム	→	顧客満足度の向上
業務プロセスの改革	迅速な業績把握 ・企業名情報共有 ・関連企業との連結決算の早期化	→	コスト削減 省力化、在庫削減 経費削減
	業務の再編成・迅速化 ・基幹システムの再構築 ・グローバルな経営システム ・リアルタイムシステム	→	社会貢献
人の気持ちの変革	・組織・制度改革 ・意識改革 ・企業風土・文化の改革 基盤強化・情報共有・セキュリティ	→	増力化

（資料）（社）日本情報システム・ユーザー協会「企業IT動向調査2004」『情報化白書』(2004年版)。

IT活用により，売上・収益や顧客満足度を向上させ，業務のコストをより削減し，従業員の変革を促しながら，社会に貢献できる企業をめざす。近年，ビジネス環境の変化にともない，企業が競争優位を構築するために経営戦略を策定・実行する際には，このようなIT戦略と綿密に整合性をとる必要性が高まっている。

2　企業全体でみたIT活用の状況

各種調査をもとに企業全体のIT活用の状況を概観する[12)13)]。

企業におけるインターネット利用状況をみると，企業規模による格差もほとんど解消され，そのほとんどが利用している。従業員数5～29人の小規模事業

109

所の利用率も77.5％と増加はしているが，大規模事業所と比較すると利用状況の差はまだ大きい。また，ホームページは，平成15年末において全企業の78.4％が開設しており，その後も開設率は高まっている。

　ＩＴ活用による情報共有・活用の実施状況をみると，社内の情報利用環境が整備され，社内での情報共有・活用が進んでいることが確認される。必要情報の全社的な共有・活用，現場と経営者間の情報伝達については検討中という企業が多い。取引先との間での活用は，企業により必要性の違いがあるが，実施の予定なしという企業が多い。ＩＴ導入の効果としては，業務プロセス時間の短縮・迅速化，部門内・部門間業務の円滑化，ペーパーレスによるコスト削減をあげる企業が多い。ＢＰＲの達成は容易でなく，業務の範囲と対象が拡大するほど実施率が低くなっている。

　では，企業が重視するＩＴ導入または活動の場面について，実際の重視度はどの程度であろうか。日本情報処理開発協会の「企業のＩＴ活用に関する実態調査」によると，「事務処理の省力化・迅速化を重視」をあげる企業が現在でも最も多い。事務処理の省力化は従来からかなり図られていると思われるが，ＩＴの進展で，さらなる効率化や迅速処理を求めている。複数回答で上位にあげられたものを合計してみると，その他に「部門内・企業内での情報伝達」，そして，「顧客サービス向上・対応力の強化」をあげる企業が多い。当然のことながら，まず企業内部の日常業務処理への導入を重視し，その後に顧客への活用をめざしている。

　ＩＴ利用による顧客対応の実施状況は「営業などの対面業務への導入」，「Webでの商品情報提供」，「顧客への安全・安心の提供」というものが多いが，検討中を含んでも半数に至っていない。しかし，内部を中心としたＩＴ利用環境の整備が進み，情報の共有・活用もかなり図られている。

　ＩＴを活用したＥＣ（電子商取引：Electronic Commerce）による取引形態が多くの業界でさらに進展している。金額規模でみるとＢ to Ｂ（企業間取引：Business to Business）が大きいが，Ｂ to Ｃ（企業―消費者間取引：Business to Consumer）に新しいサービスなどの明確な変化が生じている。

ECにおいてITが提供する代表的な効果は，データベースを使った大量の商品の検索・比較・選択機能の提供ができること，インターネットを介して時間と距離を超越できること，参加者の集積から生じるネットワーク外部性による効用が増すこと，取引情報の電子化によるビジネスプロセスが迅速にできることなどがあげられる。

しかし，一方で，商取引は，取引の条件と相互の信用で成立するものであり，業務実態，品質・納期等の確実性の信用度情報が得られない限り，ネットを中心とした取引にすぐに移行することは難しいであろう。太田教授が諸見解をあげ指摘しているように，ECの進展が取引スタイルを完全な市場取引へと移行するかについては議論の余地があり，企業が取引に期待する内容や，取引に内在する知識や情報の役割・機能などを明確にしていく必要がある[14]。

第3節　中小企業のIT化と戦略

1　中小企業のITへの取り組み

中小企業のIT化の現状について，全国中小企業情報化促進センターの報告書を参考に把握する[15]。

まず，中小企業がITを活用しようとした背景であるが，「業界・同業他社でのIT利用の加速」が58.3％，「取引先・得意先などからの要請」が46.4％と，関連する周囲の環境の影響や要請を受けての利用が多い。積極的活用というよりも，必要性にせまられたことがきっかけとも言える。さらに，「情報機器の低価格，操作性の向上」が55.4％あり，最近の情報通信技術の進展が低価格と機能の高度化をもたらし，中小企業における活用が促進された。「電子商取引の進展」をあげる企業も39.9％ある。

それでは，そのようなITの活用で解決したかった経営課題がどの程度実際に解決しただろうか（図表7－2）。図表7－2に示すように，解決したかった

図表7－2　ＩＴ活用で解決したかった経営課題と実際に解決した経営課題

経営課題	解決したかった	実際に解決した
営業力・提案能力の強化	55.2	31.1
業務プロセスの改善	54.9	36.3
社内の意識改革・モチベーションアップ	47.7	21.2
新規顧客開拓・販路の拡大	46.6	19.7
財務体質の強化	44.3	24.9
在庫管理の見直し・再構築	43	23.3
納期の短縮	41.2	22
新商品開発力・技術力の強化	23.3	9.8
人材の確保・育成	22.5	7
多品種少量生産対応	20.5	10.6
新規事業分野への進出	19.4	6.7
外部連携，SCMへの参加	13.5	5.2
海外進出・海外取引	9.1	6
その他	1.6	1

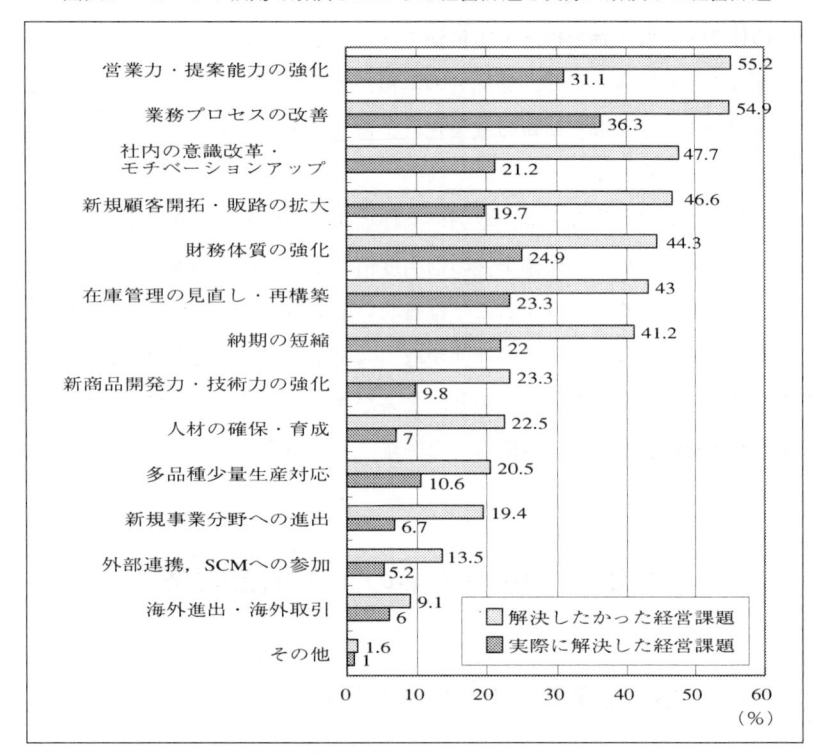

（資料）（財）全国中小企業情報化促進センター
「平成16年度中小企業庁委託事業　平成16年度『中小企業情報化対策調査事業』報告書」。

　経営課題として，「営業力・提案能力の強化」や「業務プロセスの改善」，「社内の意識改革・モチベーションアップ」が多くあげられているが，実際に成果をあげた経営課題は「業務プロセスの改善」が36.3％，「営業力・提案能力の強化」が31.1％と多く，「財務体質の強化」が24.9％となっている。ＩＴ活用は進んでいるものの，解決を望むそれぞれの経営課題については，半数前後の企業で解決されたにとどまっている。
　ＩＴを活用している具体的な業務・管理では，「財務会計業務」，「給与・人事業務」，「販売管理」，「顧客管理」，「受発注管理」などが多くあげられている。

数値情報や内部データベース利用の業務では活用されている。

中小企業のIT導入には,経営者の判断と投資力によるところが大きいが,専門のIT人材不足,情報セキュリティ対策,不明確なIT投資効果などの問題があろう。

2 中小企業へのIT支援の施策

中小企業庁の中小企業へのIT化の支援[16]のために,中小企業のITへの習熟促進セミナー・研修の実施,IT導入に関するアドバイスを行う専門家の派遣やIT投資の促進などの施策がある。また,ITを活用した経営革新の支援として,企業ネットワークシステムなどの開発・導入の支援,中小製造業におけるIT化の推進により,ものづくり基盤を強化することもあげられている。さらに,ITを活用した情報提供の促進として,e-中小企業庁&ネットワーク事業,中小企業を支援するポータルサイトの運営を行っている。

これらの支援は,ある程度情報力のある企業が利用することが多いが,本来は情報力のない企業こそ活用して,社会全体のIT化を推進する必要があろう。

3 インターネットを介したコミュニティ形成

インターネットを介し,顧客とともに商品開発を行いながら,地元の生産物を全国に展開したケース[17]を参照する。

「地元の生産物を全国に展開する方法としてインターネット販売を行っている。健康によいと口コミで広がっていることと品質への絶対的な自信もあり,ホームページへのアクセスも多い。商品を売るだけでなくサービスをつけていき,自社による調査・分析,顧客の製品利用情報などをもとに情報を公開し,商品の効用に対する評価や問題点などもインターネットで顧客とともに行うという,顧客参加型の市場形成を心がけている」というものである。

中小企業のインターネット利用心得として,次のようなことをあげている。

スタート前からホームページのアクセス数を増やすためにwebサイトのサポート企業と連携し，さらに，顧客の関心ごとに違ったメール内容を送り販売促進につなげている。ＩＴ活用では，顧客にとって便利だと思える仕組みにし，対応要員を置き，１対１の対応を可能にしている。インターネットでのアンケートに基づき，個々に対応し，アドバイスやメッセージを送っている。自社ホームページ上にコミュニティができ，意見を商品開発に生かしている。

　ＩＴを活用し，全国に商品展開をする中小企業が多くなっている。インターネットによる商品展開の前に，商品やその企業の商品の品質に対する信頼性をすでに得ているということも大きい。顧客の顔がみえないネット取引で，販売後の個別対応を重視し，その後の展開につなげている。インターネットを介するため，場所や時間を超越して顧客が求めるアフターケア，商品に対するニーズや意見の集約をすることが可能である。

　しかし，多様な個別対応にどこまで応じつづけられるかという懸念もある。また，個人情報保護法の施行にともない，ネットを通した情報の収集や交換は顧客を対象としているだけに，今後，より慎重な取り扱いが求められる。

第４節　中小企業における情報管理

１　ＩＴ活用と情報管理

　企業における情報活動は，多くの情報源から多様なデータを収集し，それを意思決定者の問題特性に応じて処理し，迅速に伝達・提供する活動である。企業の発展は，その活動の場や取り巻く環境から適切な情報を迅速に収集し，経営に生かしていけるかによるところが多い[18]。

　ネットワークが高度な情報活用をもたらす一方で，最近は保有する情報，取り扱う情報を，いろいろなリスクからいかに守り信頼性を確保・維持していくかが重要になっている。セキュリティ確保のための個人認証も厳密化し，多く

の提言がなされている[19)20)21)]。多様に変化する環境への適切な対応力，情報通信技術を高度に活用した情報の管理が重要な経営課題の1つである。

それに加えて今日，個人情報保護のためのより厳格な情報管理が企業も必要である。企業の規模，業種，業績，ＩＴ化の度合いにかかわらず，適正な情報管理が求められている。

2　個人情報保護法施行の背景と概要

企業にとっては様々な情報リスクに対する管理対策が継続しているが，なかでもプライバシーにかかわる保護対策は緊急の課題と言える。高度情報通信社会の進展により個人情報の利用が著しく拡大し，それにともなって，個人情報漏えいの事件も多発している。組織内外者の故意による情報流出も多いが，内部者の不注意による人為的ミスもかなり報じられている。個人情報管理のために，情報システムや機器類を整備して安全対策を図ったとしても，実際に組織内外でその情報を取り扱うのは「人」である。

岡村氏によると，いままでの個人情報流出事件は，委託先とならんで内部の従業員に起因するケースが非常に多い。その背景に，労働環境が変化する中での企業に対する帰属意識の希薄化や，コスト削減による非正規労働者の増加という現象があり，これらが従業員による故意の漏えい事件の多発化する要因になっている。さらに，表出した漏えい事件を分析すると，従業員の故意による流出より，過失による漏えいが多く，圧倒的多数を占めている[22)]。

個人情報保護法「個人情報の保護に関する法律」（平成15年法律第57号）は，高度情報通信社会の進展にともない個人情報の利用が著しく拡大していることに鑑み，個人情報の適正な取り扱いに関し，個人情報を取り扱う事業者の遵守すべき義務などを定めることにより，個人情報の有用性に配慮しつつ，個人の権利利益を保護することを目的として定められた。「個人情報保護法」は，名前や生年月日など個人を特定できる情報を取り扱う企業などに対し，利用目的の明示や適正な管理を義務づける法律である。基本理念や国の責務などの規定は

2003年に制定・交付されているが，2005年4月から全面施行され，5,000件を超えるデータを持つ企業などもその対象になった。顧客だけでなく，従業員やその家族のデータも含まれ，該当する企業などは「個人情報取扱事業者」となる。「個人情報取扱事業者」とは，個人情報をコンピュータなどを用いて検索することができるよう体系的に構成した個人情報データベースなどを事業活動に利用している事業者のことである。

　個人情報取扱事業者の義務として，個人情報の利用目的の特定と利用目的による制限，適正な取得と取得に際しての利用目的の通知など，情報の正確性の確保，安全管理措置，情報の第三者提供の制限，情報の開示・訂正・利用停止等，苦情の処理などが定められている[23]。違反した事業者は，「6ヶ月以下の懲役，または30万円以下の罰金」に処される。コンプライアンス（法令遵守）の立場からも，個人情報保護法に対する正しい認識と，それに基づいた従来以上の厳密な情報管理がより求められる。違反による処罰自体は大きなものではないが，大切な個人情報の管理ミスがあったことからくる企業やブランドに関するイメージダウンや信頼性失墜の影響の方が大きいといえる。

3　中小企業と個人情報保護対策

　個人情報保護法施行前の企業の管理・制度面の対策を2003年の実態調査でみる[24]。それによると，「個人情報の利用目的や収集時期，管理者を明確にしている」企業が36.1％と最も多く，次いで，「内部の教育を充実させる」が29％，「必要な個人情報の絞り込み」が18.9％，「管理責任者の設置」が18.2％などである。その一方で「特に何も実施していない」企業が32.9％あり，約3分の1が特別な対策を講じていなかった。

　システム・技術面の個人情報保護対策を同調査でみると，「個人情報の読み出し，改変，印刷などの操作について，権限管理を行っている」が39.6％で最も多く，「個人情報を記録したことがあるパソコンなどの端末について，ハードディスクを破壊して破棄するようにしている」が25.1％，「個人情報の読み出し，

第7章　中小企業のIT活用と情報管理

改変，印刷などの操作について，ログの保存などにより事後誰が行ったかを把握できるようにしている」が20.1％とつづいている。管理・制度面の対策と同様，「特に何も実施していない」企業が37.3％と2番目に多い。

個人情報保護法は2003年に制定・交付されているが，すぐには積極的な対策が取られておらず，2005年4月の全面施行にともない，直前から何らかの対策を講じた企業が多いことが推測される。

個人データの漏えいや滅失を防ぐために，必要かつ適切な安全管理措置を明確に講じなければならない。まず，最初の対策としてなされるのが，従業者に対する必要かつ適切な監督である。外部に業務委託する場合，委託先での個人データ取り扱いまでも管理責任が生じることになる。そのため，ビジネス取引の際に，確認事項や契約内容に個人情報の管理義務が含められることが多くなるであろう。

安全管理を認証するものとして，プライバシーマークがある。プライバシーマークは，個人情報の適正な管理を行っている事業者に対して付与されるものであり，事業者が自主的に個人情報保護に関するコンプライアンス・プログラムを策定して遵守することを，(財)日本情報処理開発協会(JIPDEC)などに申請して審査を受け認定される。外部の認証制度によって安全性に対する取り組みを認証してもらうものである。このマークの取得が個人情報保護対策の遵守を外部に示すことにもなるが，安全を絶対的に保障するものではない。

プライバシーマークは，民間事業者の自主的な取り組みを支援するかたちで1998年4月からその運用が進められてきた。日本情報処理開発協会によると，2004年11月22日にプライバシーマークの新規認定の累計が約1,000事業者であったが，平成17年4月に全面施行されて半年後には，2,040社（9月16日現在）に急増している。安全性への適切な取り組みを外部に対して示すことは，規制に該当するかどうかや企業規模などにかかわらず，広く求められていくものと思われる。

個人情報保護法の施行にともない，プライバシーマーク取得を含め，中小企業は個人情報の保護のためにどのような取り組みをしているだろうか。記事

データベース利用による検索の結果，中小企業では，従来の管理対策をより厳密にしていくことや，内部者に対する規制とチェックの強化など，新たなコストを極力抑えた対策が多くなされているようである。

中小企業向けのニュービジネスや支援では，プライバシーマークの取得に関するものが急増している。また，大手企業や情報サービス関連企業等の専門的なノウハウや人材を活かした支援サービスが新たに出現してきている。さらに，際限のない情報リスクを鑑みて，備えのための保険という自衛策もなされている。

4　求められる中小企業の情報管理能力

個人情報を含む様々な情報は，今後もいろいろなビジネス展開の場面で活用されるであろう。まず，内部の人事・労務管理が重要であり，個人情報へのアクセス権の問題，委託先の情報管理，関連企業での顧客情報の共有問題に対して，どの企業においても，従来以上に情報管理能力が求められる。

セキュリティ対策は，それそのものでは利益に直結せず，コストや手間が発生するうえに継続し，その対応はつねに更新されていくものである。中小企業においては，情報専門の人材の不足，情報管理に対する投資力の問題などがあり，ＩＴ活用と同時に発生する様々なリスクに対し，事前の対策や迅速な対応が遅れがちである。セキュリティ対策は企業のビジネス活動を守り，顧客や取引先，さらには社会に対する信頼性の維持・向上を図るものである。中小企業は，ＩＴの持つ利便性と危険性を十分認識しながら活動することで，さらなるビジネスチャンスへ拡大する可能性もある。

〔注〕
1）　川上義明「現代企業と情報技術革新（上）」『福岡大学商学論叢』第47巻第2号，2002年，266－267ページ。
2）　竹野忠弘「デジタル化経営とモジュール化戦略――ＩＴ革命と製造システムの転換――」日本経営学会編『ＩＴ革命と企業経営』千倉書房，2003年，49ページ。

3) 太田一樹「中小企業のIT革命とマネジメント」佐竹隆幸編著『中小企業のベンチャー・イノベーション理論――経営・政策からのアプローチ――』ミネルヴァ書房，2002年，193ページ。
4) 前掲論文1)，267-268ページ。
5) 前掲論文1)，275-276ページ。
6) 川上義明「『高度情報ネットワーク化社会』と中小IT企業――その分析フレームワーク――」『福岡大学商学論叢』第47巻第4号，2003年，441ページ。
7) 太田進一「企業政策におけるITとビジネスモデル」太田進一編著『ITと企業政策』晃洋書房，2004年，2-3ページ。
8) 高橋光男「入門 事務・文書管理――現代のオフィス・マネジメント――」嵯峨野書院，1996年，24-26ページ。
9) 立川丈夫・木村憲二・倍 和博・浅井重和『中小企業の情報化――パソコンによる仕事改革術――』日刊工業新聞社，1999年
10) マイケル・ハマー，ジェイムズ・チャンピー著，野中郁次郎・監訳『リエンジニアリング革命』日本経済新聞社，1993年，130-137ページ。
11) (財)日本情報処理開発協会編『情報化白書』コンピュータ・エージ社，91ページ。
12) 総務省『平成16年度情報通信白書』ぎょうせい，191-192ページ。
13) 前掲書11)，35-37ページ，87-91ページ。
14) 前掲書3)，207-209ページ。
15) (財)全国中小企業情報化促進センター「平成16年度『中小企業情報化対策調査事業』報告書」。
16) 中小企業庁編『中小企業白書』(2004年版) ぎょうせい，274ページ。
17) 前掲報告書15)，77-78ページ。
18) 木原すみ子「情報の活用」増田卓司他『ビジネスパーソンのためのビジネス実務の基礎』学文社，2003年，128ページ。
19) 山本 豊「高度情報社会における本人認証の課題」『オフィス・オートメーション学会誌』，Vol.25, No.1, 2004年。
20) 増本貴士「e-社会におけるセキュリティの確保」『オフィス・オートメーション学会誌』，Vol.25, No.1, 2004年。
21) 中川喜博「PKIの重大欠陥による新ビジネスの創出――個人情報と認証情報の銀行機能集中管理へ――」『オフィス・オートメーション学会誌』，Vol.25, No.3, 2005年。
22) 岡村久道『個人情報保護法の知識』日経文庫，2005年，124-126ページ。
23) 前掲書22)，82-185ページ。
24) 前掲書11)，271-272ページ。

(木原 すみ子)

第8章

中小企業における環境経営

第1節　環境問題と環境政策

1　環境政策の動向と社会的要請

　今日の環境問題は，これまでのいわゆる公害問題と異なり，影響を及ぼす地域範囲も，原因となる主体の範囲も拡大している。環境問題の原因にはあらゆる企業活動や市民生活があてはまり，地域の自然環境，資源循環，さらに地球環境を含む広範囲で総合的な環境影響が問題となっている。
　したがって環境保全の取り組みは，特定の地域や特定の企業だけでは事足ら

図表8-1　環境問題の変化にともなう社会的要請[1]

【環境問題の変化】
- 環境問題の広範囲化（影響範囲，原因主体ともに拡大）
- 環境問題の深刻化

【社会環境問題の変化】
- 環境意識の高まり，地域・市民活動の盛り上がり
- 企業・製品評価の進展

【ビジネスの社会的要請】
- 上流対策と未然防止の推進，拡大生産者責任への対応
- 取り組みの強化
- 情報開示の進展

（資料）　UFJ総合研究所作成。

ず，すべての業種，および中小企業を含むすべての規模の企業，そして生活者ひとりひとりが果たすべきテーマとなっている。

また，ビジネスを取り巻く社会環境にも変化がみられる。地球温暖化など環境問題への配慮の重要性が改めて指摘されている。

これに応えるように市民の環境保全意識は高まり，地域における市民の活動が盛り上がりを見せている。環境保全意識の高い市民は，環境配慮型製品の購入（グリーンコンシューマリズム）や株式市場でのエコファンドの購入などを通じて，企業の環境保全活動を促進する動きがみられる。よって企業は提供する製品・サービス，事業活動を通じて市民から厳しく評価されるようになっている。こうしたそれぞれの意識および行動の変化が，環境情報に関する開示進展の背景になっている。

環境政策においても，直接的規制（特定の事業者，物質の排出規制など）だけでなく，様々な主体の取り組みを総合的に推進する法律（各リサイクル，エネルギー関連法など），情報開示や経済的手法により自主的取り組みを促す施策など，多様な組み合わせが展開されている。

経済の自由化や規制緩和が叫ばれる中にあって，環境関連の規制については一層厳しさが増している。

こうしたことから，各企業による環境対策の重要性はますます高まっている。また，これまでの取り組みの強化に加え，より上流部門での対策による環境汚染防止の促進や，拡大生産者責任（EPR：Extended Producer Responsibility）への対応など，環境配慮の取り組み内容にも変化がみられる。

近年，重点的に取り組みが進められている地球温暖化対策，環境汚染防止，循環型社会形成の3つの分野を中心に，最近の法規制等の制定状況をまとめ図表8－2に示す。

第8章　中小企業における環境経営

図表8－2　主な環境関連法規制の年表[2]

	地球温暖化対策	環境汚染防止	循環型社会形成	その他
1995～	97 新エネ法 97 京都議定書採択 98 省エネ法(改正)	96 大気汚染防止法（改正） 99 ダイオキシン類対策特別措置法 99 PRTR法	95 容器包装リサイクル法 97 廃棄物処理法（改正） 98 家電リサイクル法 99 家畜糞尿リサイクル法	99 持続可能な農業促進法
2000～	02 京都議定書批准 02 地球温暖化対策推進大綱（新） 02 地球温暖化対策推進法（改正） 02 新エネ法(改正) 02 省エネ法(改正) 04 都市緑地保全法	00 水質汚濁防止法（改正） 01 フロン回収破壊法 02 土壌汚染対策法 03 化審法（改正） 04 大気汚染防止法（改正）	00 食品リサイクル法 00 建設リサイクル法 00 資源有効利用促進法 02 自動車リサイクル法	00 グリーン購入法 02 自然再生推進法 03 環境教育促進法 04 環境経営促進法

（資料）　環境白書等の政府白書および政府予算書等より，ＵＦＪ総合研究所作成。

2　環境問題の推移

　わが国の環境問題は，主として1960年代の高度経済成長期に深刻化した公害問題を契機とし，被害者の救済，環境汚染の防止などを主要な課題として始まった。ここでは，わが国の環境問題を理解するため，環境問題の推移について時代を4つに区分して概観する[3]。

(1) 公害対策の時代

公害対策の時代は，1960年代までの産業型公害時代と，1970年代の都市型公害時代に区分することができる。

特に産業型公害の時代は，水俣病，四日市公害訴訟など，わが国における公害問題がピークに達した時代といえる。これらが発端となり，公害対策基本法（1967年）や大気汚染防止法・騒音規制法（1968年）など，環境に関する法整備が行われることとなる。しかし，この時代における各企業の環境問題への取り組みは，まだまだ環境問題への抵抗・反発意識が強く，消極的な対応にとどまっている。

(2) 環境対応の時代

1980年代を中心とする環境対応の時代は，公害対策の時代における反省を踏まえて，受動的ではあるものの企業が一定の対応をとり始めた時代である。

環境問題に関する企業の意識は次第に向上し，企業内に公害対策委員会などが設置され，法律・規制に従うかたちで環境問題に対応し始めた。しかし，各企業にとって環境問題は依然としてコストアップなどの要因として捉えられており，事業機会としては捉えられていなかった。

(3) 環境保全の時代

環境保全の時代は，各企業が環境問題に対して能動的な対応を始めた時代である。わが国ではバブル崩壊後の1990年代が，おおむね環境保全の時代に該当すると言えよう。

世界的な動きとしては，環境問題に関する様々な国際会議などが開催され，国際的な協調体制が次第に整備されていくようになった。1993年には環境基本法が制定され，1997年には京都議定書が採択された。

企業レベルの動きも活発化し，例えば環境報告書の発行による環境情報の開示やエコビジネスへの取り組みなど，環境問題を自社の事業機会として捉える企業も出現し始める。

(4) 環境共生の時代

環境共生の時代は，2000年に制定された循環型社会形成推進基本法にみられるように，環境への負荷を減らし，環境にやさしい社会づくりが共通認識へと発展していく時代である。

21世紀の環境問題は，環境と企業活動との共生こそが最大の課題である。

3 大企業などからの環境配慮要請

環境省「平成15年度環境にやさしい企業行動調査」によれば，大手製造業による環境配慮の取り組みとして，「廃棄物の発生抑制等」が78.4%と最も高く，次に「環境負荷低減に配慮した設計」が66.1%，「グリーン調達」が61.8%となっている。わが国の重層的な産業構造を考えれば，大手製造業の環境配慮は，中小企業に対する環境配慮要請に直結することがわかる。

また，グリーン調達やEMS（環境マネジメントシステム：Environmental Management System）導入の証明となるISO14001の認証取得についても，要求（ウォント）から必須（マスト）へと変化してきており，環境管理や環境設計および化学物質管理面などの条件が確実に厳しくなってきている。さらに，グローバル市場に製品提供する企業からは，部品などの調達先企業に対し，グリーン調達が連鎖反応的に浸透し始めている。

近年では，含有化学物質開示のため，環境仕様書に材料組成や物質情報などの情報が含まれたMD（Material Declaration）を要求されることも多くなり，納品にあたって，環境仕様書を必須とする動きもみられる。

第2節　中小企業と環境経営

1　環境経営の定義と分類

　「環境経営」について，ニッセイ基礎研究所では，いまだ統一的な定義は明確ではないとしながらも，「環境経営とは，明確な経営理念と環境戦略に基づき，持続可能な地球社会の実現に貢献するために本業において環境保全の仕組みをビルトインし，競争力と収益力につなげる企業経営である」4）としている。持続可能な地球社会を築くためには，製品やサービスを提供する企業が環境保全の具体的な成果を出すことが最も効果的と考え，同時にそれが企業の「環境競争力」や「環境信用力」となり，業績向上につながると考えられる。
　また合力　榮ほかは，「環境問題」を事業機会として活かすとの見地に立ち，「環境問題」に積極的に取り組みつつ利益実現を志向する経営を「環境経営」と定義し，その取り組み度に応じて3つの類型に区分している5）。

（1）　環境対応型経営

　まず第1類型が，「環境対応型経営」である。このタイプは，「環境問題」に対する取り組みが消極的な対応にとどまっており，「環境配慮型製品」の研究開発もほとんどなされていない企業の経営である。地球環境問題への取り組みは，法的規制に基づく最低限で済ませようとしているケースである。

（2）　環境保全型経営

　第2類型は，「環境保全型経営」である。自主的に環境保全という目標に向かって「環境問題」と取り組んでおり，「環境配慮型製品」の研究開発も自主的に取り組んでいる企業の経営である。しかし，何らかの要因により環境先進企業との市場競争におくれをとっているケースである。

(3) 環境共生型経営

第3類型は,「環境問題」に対する取り組み度評価が最も高い「環境共生型経営」である。このタイプは, 持続可能な地球・循環型社会の構築という共生理念に基づき, 積極的な「環境問題」への取り組みと「環境配慮型製品」の研究開発および販売実績の面でも競争優位に立ち,「環境問題」を事業機会として活かしているケースである。

2 中小企業の環境経営の実態と課題

(1) 中小製造業の環境経営の捉え方

中小企業の環境経営についての調査としては, (財)広域関東圏産業活性化センター『中小製造業の環境経営化による企業競争力に関する調査』が参考となる。この調査結果のなかから特徴的なキーワードを抽出し, 過去のヒアリング調査の結果[6]などとともに整理して紹介する。

① 中小企業にとっての環境対応はあくまで必要条件（有識者）
② 中小企業の環境経営は親企業の要請がきっかけ（有識者）
③ リスク回避としてはグリーン調達と法的規制への対応が必要（有識者）
④ 環境経営は大企業からの要請, 環境規制への対応はコンプライアンスの問題（大企業）
⑤ 環境への配慮はベースであり, ビジネスの参加要件（大企業）
⑥ グリーン調達は「ウォント（要求）」から「マスト（必須）」へ（大企業）
⑦ 環境経営は取引先の要請, 必要性・必然性がみえず（中小企業）
⑧ ＩＳＯ14001の認証取得は義務, 取引条件, 使命（中小企業）
⑨ 環境経営は重荷ではなく, 原価低減や変革のチャンス（中小企業）
⑩ 環境経営と原価低減や生産性の向上は不可分（中小企業）

上記をみる限り, 中小企業における環境経営は, 自主的な活動とはほど遠く, 取引条件やビジネスへの参加条件として要請されるものという印象が強くうかがわれる。よって, 中小企業が環境経営に取り組む必要性, 必然性, 費用対効

果などが見えにくくなっている。しかし，中小企業であっても環境対応を無視すればビジネスリスクは増大するため，適切なリスクマネジメントが求められる。

(2) EMS導入（含むＩＳＯ認証取得）の目的・課題・対応策
① EMS導入目的
　　環境経営を行っている大企業では，サプライチェーンの環境管理として，グリーン調達ガイドラインなどを作成し，サプライヤーの管理や選別を行おうとしている。したがって，取引先となる中小企業のEMS導入やＩＳＯ認証取得のきっかけは，大企業の要請による場合が多い。

　　一方，中小企業自身が自社の企業イメージの向上やＰＲを導入目的とするケースも少なくない。EMS導入により，親企業や取引先の評価を得やすくなる面はある。しかし，いまやこれだけでは企業としての差別化が図りにくくなっていると言える。

　　今後は，社会・業界などの変化を踏まえつつ，スパイラルアップによってEMSが定着した企業へと進化し，生産・経営の効率化の手段として活用されていくことが望まれる。

② EMS導入にあたっての課題と対応策
　　大企業に比べ経営資源の乏しい中小企業にとって，EMSの導入(特にＩＳＯ14001の認証取得)には，「コスト」と「ヒト」の確保が課題となる。EMS導入コストは，外部へ流出する直接的なコストだけでなく，EMSにかかわる内部人件費まで含めて考える必要がある。また，一部の従業員だけでなく，全従業員での取り組みなどが課題としてあげられる。

　　対応策としては，コスト節減のために外部コンサルタントを入れずに自力での認証取得，トップの関与とリーダーシップ，シンプルな仕組みづくり，経営計画との一体化推進などがあげられる。

③ EMSの運用ポイント
　　EMSの運用面では，自社のポジションや自社の特徴に合わせ，身の丈

にあったシステムとし，単純化することが重要である。また，他のマネジメントシステムとの融合・整合を図り，経営管理の一部と捉えて運用することがポイントである。

また，EMSの運用は，全員参加が原則であり，意識の低い社員をいかに巻き込むかなどの工夫も必要である。

④　EMSの導入効果

EMSの導入効果としては，従業員の環境意識の向上，顧客からの信頼獲得，企業イメージのアップなどがあげられる。加えて，省資源・省エネルギーなどによるコスト削減効果，不良品率の削減や歩留まり率の向上など，具体的な成果によって，企業体質の強化につなげている企業も多い。

その他，社員の環境意識の改革にともなう環境製品のアイディアの創出や環境配慮型製品の開発につなげる企業もある。

3　中小企業における環境経営の必要性と可能性

(1)　中小企業のあるべき姿

中小企業における環境経営の最大の目的と効果は，経営体質の強化である。企業の経営体質強化は，発展や利益創出の源泉となる。環境経営の一手法であるEMSの導入により，社内の意思統一，情報共有化，顧客調達基準への適合，原材料・エネルギーの節約，従業員の意識改革などの効果が期待できる。

また，EMS導入による製品競争力アップについては，省エネ・低燃費型製品や高付加価値・高機能製品の開発で効果が見られる。EMS導入により，従業員の環境意識だけでなく，環境という視点からの製品開発および経営全般に対する提案力の向上により，経営体質の強化が図られるケースも多い。

さらに，企業イメージの向上によるブランド化の進展など，企業の競争力強化につながるケースもある。

(2) 環境経営の本質

例えば，環境経営のためのEMSであるＩＳＯ14001は，環境経営を実践するための代表的な手法ではあるが，それを導入すること自体は「環境経営」と言えない。つまり環境経営を目的とするならば，ＩＳＯ14001は手段である。このほかにも，環境会計の導入，環境報告書の作成・公開や第三者のレビューなど，環境経営の形態・手法には様々なものがある。しかし，これらは環境経営という「目的」を達成するための「手段」であり，環境経営の「目的」と「手段」を混同してはならない。

いまだ多くの中小企業では，ＩＳＯの認証取得そのものが目的化しているため，十分な成果が得られている企業は少数である。

環境経営の第一の目的は，事業活動にかかわる環境負荷の低減であり，第二の目的は，事業の環境効率を高め，かつ環境リスクを低減することである。そして最終的には，先に環境経営の定義で示したとおり，環境問題へ積極的に取り組みつつ競争力と収益力の向上につなげていく経営を志向する。これが環境経営の本質である。

(3) ＥＭＳの活用意識の必要性

前述のとおり，ＥＭＳにせよ環境会計にせよ，これらは環境経営を実践していくための手段としての「手法」であり「ツール」である。したがって，ツールは活用されてこそ価値を生み出すものであり，導入するだけでは期待する成果が十分得られるとは考えにくい。

積極的にツールを活用し，期待する成果を追求していくという姿勢，および明確な活用意識と目的意識を持つ必要がある。

(4) 環境経営の評価

次に，環境経営をどう評価するのか？ 環境経営の実践における「手段」と「目的」の関係のように，環境経営の評価においても，「取組度」とその結果である「成果」のいずれを評価対象とするのか，内部であれ，外部であれ，評

価者は明確に意識する必要がある。どちらも評価対象となるが,評価結果が大きく異なることがある。

「取組度」の評価とは「環境経営の手段がどれだけ実現できたか」であり,多くは定性的な評価となる。しかるに,「成果」の評価とは「環境経営の目的がどれだけ達成できたか」であり,多くは環境負荷,機能・品質や財務上のデータによる定量的評価が可能である。

これまでの環境経営の評価は「取組度」そのものに重点があったことは否めない。多くの中小企業の環境経営の取り組みは,表面的な取り組みだけで終わってしまい,手段としてのＩＳＯ14001認証取得ではなく,目的としての認証取得が数多く見受けられた。

環境経営が環境保全型の段階であれば,「取組度」自体にも意味があった。しかし,これからの環境経営である環境保全型から環境共生型に深化していく段階では,具体的な「成果」が問われることになる。なぜなら,環境経営の目的はＩＳＯ14001の認証取得や環境報告書の発行などではなく,それをもって何を達成するかだからである。

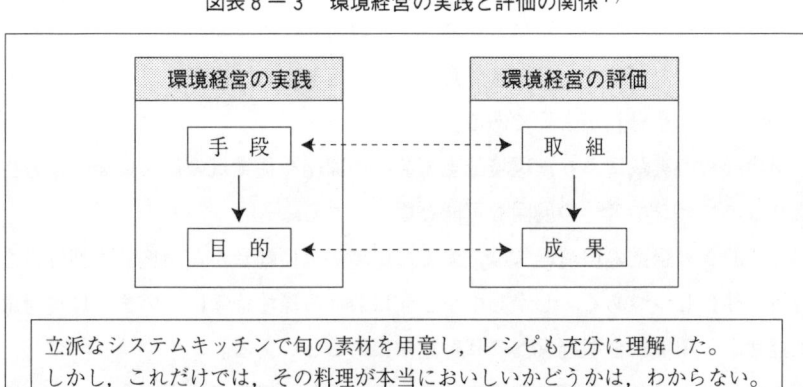

図表8－3　環境経営の実践と評価の関係[7]

```
┌─────────────────────────────────────────────────────┐
│    環境経営の実践            環境経営の評価              │
│                                                     │
│    ┌─────┐      ←------→     ┌─────┐                 │
│    │手 段│                   │取 組│                 │
│    └──┬──┘                   └──┬──┘                 │
│       ↓                          ↓                   │
│    ┌─────┐      ←------→     ┌─────┐                 │
│    │目 的│                   │成 果│                 │
│    └─────┘                   └─────┘                 │
├─────────────────────────────────────────────────────┤
│ 立派なシステムキッチンで旬の素材を用意し,レシピも充分に理解した。│
│ しかし,これだけでは,その料理が本当においしいかどうかは,わからない。│
│  『手段の実現（取組）は,目的の達成（成果）を保証しない。』    │
└─────────────────────────────────────────────────────┘
```

（資料）　ニッセイ基礎研究所にて作成。

4　中小企業の環境経営

　環境問題において重要なことは,「環境」は企業にとって相対的存在であり,それが企業(自社)に何らかの影響をおよぼすものと「認識」されるときに初めて環境問題として把握される。このことは,環境問題と企業経営を考察するときの基本的な出発点であり,その「認識レベル」が企業の環境問題への対応を規定することになる。

　環境問題が企業経営の外側の問題と認識されるか,内側の問題と認識されるかが,目先の利益を優先して環境汚染の実態に背を向ける企業と,そうではない環境経営を志向する企業との分岐点となる。

　中小企業は経営資源の乏しさから,ともすれば経営基盤が脆弱となって目先の利益を優先させる傾向にある。環境経営を行うためのEMSの導入には「コスト」と「ヒト」が必要であり,直接的な効果が見えにくいこともあって導入に躊躇する経営者も少なくない。しかしその環境経営の実践が,結果的には企業体質の強化につながり,脆弱な経営基盤の是正につながっていくことを経営者は認識し理解しなければならない。

　また,環境経営としてのEMSの導入は,経営基盤強化の必要条件ではあっても十分条件ではない。EMSを導入すれば直ちに成果が生まれるというわけではない。したがって,EMSの意図的な活用をもって成果へとつなげていくという強い「意思」が必要である。

　環境経営の実践により,環境配慮型製品の開発や従業員の新しい発想から生まれるエコビジネスへの展開も可能となってくる。

　先進的な大企業の環境経営は,すでに環境保全型経営から環境共生型経営を目指し移行しつつある。しかし中小企業における環境経営は,いまだ環境対応型経営から環境保全型経営への移行途中にあるといえる。

　この差は,いわゆる経営環境の認識の差であり,経営者の選択する戦略の問題ともいうことができる。

第3節　中小企業のエコビジネス

1　エコビジネスの分類

　エコビジネス（環境関連産業や環境ビジネスなどと呼ばれることもある）は，今日の環境政策の変化や社会的関心の高まりを受けて，従来の公害防止機器や廃棄物処理などの市場から大きく変化し始めている。

　エコビジネスについては，環境省や経済産業省などにおいて，それぞれ分類された市場規模等が推計されている。ここでは，温暖化防止・省エネ分野，環境汚染防止分野，循環型社会形成分野，その他の分野の4区分での分類に整理し，他で使用されている分類との相関を図表8－4に示す。

　環境省の予測によれば，2000年に約30兆円であった環境ビジネスの市場規模は，2010年に約47兆円に，2020年には約58兆円になると推計されている。

2　中小企業の強み

　経営資源の乏しい中小企業が，エコビジネスに参入および成功するためには，大企業にはない独自の強みを生かす必要がある。B to B（対事業者）ビジネスにおける中小企業の強みを把握するため，中小企業金融公庫総合研究所では東京商工会議所，中小企業基盤整備機構，中小企業と取引のある大手企業（商社，プラントメーカー等）にヒアリングの調査を行っている[9]。

　このヒアリング調査結果から，中小企業の持つ強みとして以下の4点があげられている。

図表8－4　エコビジネスの定義の整理と分類[8]

本　調　査	環境省(OECD)「環境ビジネス」	経済産業省産業環境ビジョン「環境産業」		エコビジネスネットワーク「環境ビジネス」
環境汚染防止分野（有害物質削減・浄化等）	環境汚染防止（装置・資材，サービス，建設・機器の据付）	環境支援関連分野（公害防止装置，環境コンサルティング）	環境関連調和型生産プロセス分野	エンド・オブ・パイプ（公害対応）
循環型社会形成分野（廃棄物処理・3R等）	廃棄物処理関連の装置製造，サービス提供，機器据付は，上記「環境汚染防止」に含まれる	廃棄物処理・リサイクル関連分野		廃棄物の適正処理，5RE（分別・分解，減容，減量，再使用，再資源化，燃料化），建築構造物の改修・補修
温暖化防止・省エネ分野（省エネ製品・省エネサービス等）	資源有効活用（装置・資材，サービス，建設・機器の据付）（水供給・林業等も含む）	環境調和型エネルギー関連分野		再生可能エネルギー・省エネルギー（省エネ機器・コジェネレーション・ESCO等）
その他分野（緑化・自然修復，配慮部材・材料，影響評価，教育，金融，流通，物流など）	都市緑化は，上記「資源有効活用」に含まれる	環境修復・環境創造関連分野		自然修復・復元
	教育，情報提供，アセスメント等は，上記「環境汚染防止」に含まれる	環境関連サービス		環境コンサルティング，環境影響評価，情報・教育関連，金融，流通，物流
	環境負荷低減技術・製品	環境調和型製品関連分野		エコマテリアル，環境調和型施設（住宅）・製品

（注）　このほか，「地球温暖化防止等のための環境関連産業振興に関する環境庁ビジョン案（1997）」，「環境政策におけるエコビジネス推進ビジョン（1999）」での定義もある。
（資料）　各政府資料，エコビジネスネットワーク編「新・地球環境ビジネス2003－2004」（産学社）等を参考にUFJ総合研究所作成。

第8章　中小企業における環境経営

(1) 専門性の高い技術力

大手企業は，中小企業を含めた他企業の製品・技術を統合・コーディネートすることでビジネス展開しており，中小企業が有するニッチな分野における製品・技術に対するニーズは高い。大手企業が着手していない，部品加工・リサイクル技術など特定分野における技術・製品を有することは中小企業の強みとなる。

また，中小企業の中には，他の企業（大手企業，中小企業いずれも）では代替できない，高い技術力を持っている事業者も存在する。このような他の企業では代替できない専門性の高い技術力を有することは，中小企業の強みとなる。

(2) 高いコストパフォーマンス

大手企業では人件費が高いため，自社で対応すると非効率になる分野が存在する。そのような分野では，専門の中小企業にアウトソーシングすることで効率がよくなり，コストの削減ができる。大手企業が独自に実施するよりも，低コストで仕事を受けることができるという点は中小企業の強みとなる。特に，部品製造などの分野において，中小企業の多くは特定分野に特化しており，専門の技術者，機器などを有しているため，同一製品であっても低コストで製造することが可能となる。

(3) 地域密着性

全国展開する大手企業において，すべての地域で地場密着の対応を行うことは困難である。また，大手企業が実施する建設工事について，中小企業の持つ地域のネットワークを活用し，現地で資材調達ができるのであれば，トータルでのコスト削減が可能となる。

地域に密着した対応ができる点，地域でネットワークを持っている点は中小企業ならではの強みとなる。

(4) 組織の柔軟性

少人数組織である中小企業には，①現場に様々な権限が委譲されている，②トップの意向を組織内へ徹底・浸透させることが比較的容易，という特徴がある。このため，営業担当者が顧客から聞き取った意見，感じた要望を，すぐに設計改善につなげるなどの柔軟な対応が可能であるとともに，不測の事態へも迅速に対応できる。こうした優れた面を顧客サービスに生かせることが，中小企業にとっての強みである

3 中小企業の重点分野

ここまでの結果を踏まえ，中小企業の重点分野を絞り込むために「市場拡大が見込まれる」「中小企業の強みが生かせる」という2つの観点からエコビジネス分野を整理すると以下のようになる[10]。

図表8-5 中小企業の重点分野

大 分 類	中 分 類	小 分 類
温暖化防止・省エネ分野		○ ESCO事業・省エネ関連機器 ○ 新エネルギー関連技術・サービス
環境汚染防止分野	ニッチ分野の排水，排ガス	○ 処理装置の製造・販売 ○ 機器のメンテナンス
	土壌汚染調査・修復	○ 未然防止，トータルコンサルティング ○ 調査・評価ビジネス ○ 事後対策（修復）ビジネス
循環型社会形成分野	リサイクル	
	リサイクル関連機器	
	リース・メンテナンス	
	※ 注目分野（廃棄物・リサイクル支援サービス）	
その他の分野	緑化・自然修復	○ 自然創出（都市緑化等） ○ 自然再生（ビオトープ造成等） ○ 自然保全（森林保全等）

（資料） 中小企業金融公庫総合研究所「中小企業のエコビジネスチャンス」より。

第 8 章　中小企業における環境経営

〔注〕
1） 中小企業金融公庫総合研究所『中小企業のエコビジネスチャンス』2005年，中小公庫レポート。
2） 同上書。
3） 合力　榮監修『環境問題と経営診断』同友館，2003年。
4） ニッセイ基礎研究所『「環境経営指標」の時代へ』2003年。
5） 同上書
6） (財)福岡県企業振興公社『ＩＳＯ14001認証取得企業のその後の活動に関する調査報告書』2000年。
7） 同上書。
8） 同上書。
9） 同上書。
10） 同上書。

〔参考文献〕
〔1〕 (財)広域関東圏産業活性化センター『中小製造業の環境経営化による企業競争力に関する調査』2005年。
〔2〕 高橋由明・鈴木幸毅編著『環境問題の経営学』ミネルヴァ書房，2005年。
〔3〕 所　伸之著『進化する環境経営』税務経理協会，2005年。
〔4〕 中小企業金融公庫総合研究所『中小企業のエコビジネスチャンス』2005年。
〔5〕 環境省『環境にやさしい企業行動調査結果』2004年。
〔6〕 合力　榮監修『環境問題と経営診断』同友館，2003年。
〔7〕 東京商工会議所『環境負荷の少ない企業経営のヒント』2003年。
〔8〕 山中芳夫監修『中小企業の新しい「環境経営」入門』チクマ秀版社，2003年。
〔9〕 ニッセイ基礎研究所『「環境経営指標」の時代へ』2003年。
〔10〕 中小企業研究センター『中小企業の環境経営戦略』同友館，2002年。
〔11〕 (社)中小企業診断協会福岡県支部『ＩＳＯ14001認証企業のその後の活動に関する調査報告書』2000年。
〔12〕 (社)福岡県中小企業情報センター『エコビジネスに関する調査報告書』1995年。

（遠藤　真紀）

第9章

中小企業と新規分野

　現在,「新規事業の創出」はわが国の産業の継続的発展および経済の活性化に不可欠なものとして位置づけられている。そして,資金・人材が豊富な大企業とともに,意思決定が迅速な中堅・中小・零細企業,および,革新技術や新しいビジネスモデルを持つベンチャー企業・ＳＯＨＯ（small office home office）などの活躍が期待されている。

　「新規事業の創出」の形態としては,一般的に,①すでに保有している資産（技術や設備など）を活用してその延長線上で新製品・新サービスを創出する場合,②保有している資本を基に経営戦略上必要と考える新分野へ買収などの手法で参入する場合,③技術特許やビジネスモデル特許などの革新的なシーズをもとに資本を調達して新規事業を起こす場合がある。また最近は,④インターネットという新しい分野をターゲットとして,必ずしも特許性を有していない状態で,情報技術[1)]や新しいビジネス手法を用いて新規事業にチャレンジする場合も多くなっている。

　しかしいずれにしても,新規事業で成功していくためには,①意思決定を早くし資金調達と商品・サービス提供をタイムリーに行うこと,②高い付加価値を持つ新商品や新サービスを提供すること,③従来に比べ製造・流通・販売コストを大幅に低減できるプロセスを持つことが必要である。またその際に,発展が著しい情報技術を活用すること,および,ターゲット市場（新規分野）とインターネットとを関連させることが,「新規事業の創出」における重要点となっている。

　本章では,上記の観点から,第1節で新規事業に対する中小企業基本法（1999年12月改定・施行）による支援施策を述べ,第2節で新規事業開拓のポイントと

なるイノベーション（革新技術）支援とターゲット市場（新規分野）に関し，インターネット関連ビジネスに焦点をあてそれらの動向を述べる。

第1節　中小企業基本法の改正と新規事業への支援

　中小企業基本法の改正によって，「創業の促進（第13条）」や「創造的な事業活動の推進（第14条）」が体系づけられ，新規事業に参入する際の，①支援体制，②金融対策，③税制措置の拡充が新たに図られている。

　また一方，起業という観点において，日本では産業構造の変革期にこれまで3回のベンチャーブームがあり，新規事業の創出が盛んになされた。第一次ブームは米国シリコンバレーのハイテク企業の成功例を手本として，1970年頃，「研究開発型」起業への挑戦が相次いだ。そして第1次・2次オイルショック後の80年代の第二次ベンチャーブームでは，ベンチャーキャピタルブームと重なりつつ，IT企業のソフトバンクや旅行代理店のHISなどの企業を生み出している。その後プラザ合意による円高不況やバブル崩壊を経て，90年中頃より第三次ベンチャーブームが起こった。この時期は商用インターネット接続の開始などインターネットブームと重なり，楽天，ライブドア，サイバーエージェントなど多くのネット企業を生み出している。またこの時期，各省庁は制度や政策に関し垣根を越えた審議を行い，多くのベンチャー支援関連法案を作成している。

1　中小企業基本法による経営革新・創業への支援

　中小企業基本法（昭和38年　法律第154号）が36年ぶりに改正され，この新しい中小企業基本法の第3条（基本理念）において，中小企業を「我が国の経済の基盤を形成しているもの」と位置づけている。そして，中小企業の重要な使命として，①新たな産業の創出，②就業機会の増大，③市場競争の促進，④地域経

済の活性化の4つがあげられており、その中小企業に対して、経営の革新および創業が促進され、多様で活力ある成長発展が図られるように施策の策定と実施を行うことが表明されている。図表9－1で示すように、「経営革新の促進」において、新商品・新サービスを開発するための研究開発の促進、製造・販売を著しく効率化するための設備導入の促進に必要な施策を講じることとなっている。また、「創業の促進」において、創業に必要な情報の提供や資金の円滑な供給を行うための施策を講ずることになっている。

2005年4月に公布・施行された「中小企業新事業活動促進法」は、3つの旧法（新事業創出促進法、中小企業経営革新支援法、中小企業の創造的事業活動の促進に関する臨時措置法）を整理統合したもので、創業および新規中小企業などの事業活動の促進や、異分野連携新事業分野開拓（新連携）の促進などを定めている。

また基本法の中の「経営基盤の強化」において「産業の集積化の活性化」が述べられているが、2004年度では「地域産業集積活性化法」による支援措置として地域中小企業に対し補助金が支給されている。またこれとは別に文部科学

図表9－1　中小企業法（平成11年改正）の基本方針と政策

中小企業に関する施策	内　容
① 経営革新・創業の促進、創造的な事業活動の促進	・経営革新の促進（技術、設備、ソフト面の支援など） ・創業の促進（情報提供・研修、資金供給円滑化など） ・創造的事業活動の促進（研究開発、支援人材、株式・社債等による資金調達など）
② 経営基盤強化（経営資源の充実）	・経営資源確保（設備、技術、人材・情報、中核支援拠点の整備） ・連携・共同化の促進 ・産業集積の活性化 ・商業集積の活性化
③ 経済的社会的環境変化への即応円滑化	・経営の安定、事業の転換等の円滑化 ・共済制度の整備、倒産法制
④ 資金供給	・資金供給の円滑化 ・自己資本の充実
⑤ 小規模企業への配慮	・租税負担の適正化

省が日本版シリコンバレーをめざし,国際競争力のある地域産業(知的クラスター)として福岡などの12地域を指定している(2002年4月,「知的クラスター創成事業」,札幌,仙台,長野・上田,浜松,京都,関西文化学術研究都市,大阪北部,神戸,広島,高松,北九州,福岡)。

2 ベンチャー企業への支援

　大企業に発展する可能性のあるベンチャー企業も最初は小規模企業であることがほとんどなので[2]),日本におけるベンチャー支援政策は中小企業政策の一部として位置づけられる。しかし,革新的技術の開発という観点で,個々の技術分野にかかわりの深い省庁がそれぞれ研究開発助成制度を掲げている。例えば過去において,①「戦略的基礎研究推進事業(科学技術振興事業団)」科学技術庁,②「新規産業総合技術開発支援補助金制度(工業技術院)」通産省,④「新規産業創造型提案公募事業(NEDO)」通産省,④「創造的情報通信技術研究開発推進制度(通信・放送機構)」郵政省などが実施されている。

　また第三次ベンチャーブームにおけるベンチャー・中小企業支援プログラムとして,①中小企業創造活動促進法(通産省,'95),地域産業創造対策経費(自治省,'96),②エンジェル税制(通産省,'97),③中小企業等投資事業有限責任組合法(通産省,'98),④大学等技術移転促進法＝TLO法('98)などがある。さらに故小渕恵三首相の政策勉強会「日本再生会議(1999年)」では「企業の新陳代謝を促進し,新規事業育成に力を注ぐことによって雇用の拡大を図る」ことを答申し,その後,⑤新事業創出促進法(通産省,'99),⑥中小企業経営革新支援法('99),⑦産業活力再生特別措置法('99),⑧産業技術力強化法('00),⑨中小企業支援法('00),⑩中小企業基本法の改正('01)などによる施策が行われている。

　特に情報通信技術を土台とするITベンチャーに関しては,総務省が関係省庁と連携し,図表9－2に示すITベンチャー支援施策を行っている。

　なお,企業の設立準備に関しては「都道府県等中小企業支援センター(都道

図表9－2　主なITベンチャー支援施策

	施　　策
資金供給 （出資，助成金など）	先進技術型研究開発助成金
	情報通信ベンチャー助成金
	テレコム・ベンチャー投資事業からの出資
	低利融資
人材・ノウハウ （情報通信ベンチャー支援センター）	情報通信ベンチャー交流ネットワーク
	無料経営相談
	情報提供
	知的財産戦略セミナー
	ベンチャー経営塾
税　制	エンジェル税制
	非上場株式に譲渡益に対する税率の引下げ
	ストックオプション税制
	中小企業投資促進税制
	研究開発税制

（資料）『情報通信白書』（平成16年版）より引用。

府県，政令指定都市）」で，また上場（株式公開）を目指す中小企業に対しては「中小企業・ベンチャー総合支援センター（全国8ヶ所）」で相談を受け付けている。さらに，ベンチャー企業が経営パートナーや投資家と出会うための「ベンチャープラザ」，および，自社の商品やサービスを展示・紹介するための「ベンチャーフェアJAPAN」などのイベントが中小企業総合事業団の主催で開催されている。

第2節　新規分野と新しい就業形態

1　中小企業のイノベーション

　日本は1990年代の「失われた10年」の後，近年，デジタル製品の値崩れに象徴される「デフレ経済」で苦しんでいる。デフレについては長期金利の上昇傾向など一部に明るい兆しがみられるものの，現在も進展しつつあるグローバル化，デジタル化および市場飽和によって競争が激化している。それらの状況を打開するために求められているのがイノベーションである[3]。
　現在のグローバルなIT革命・インターネット革命を牽引しつつあるイノベーションは，例えば，米国では「シリコンバレー」などのハイテク産業地帯のベンチャー企業から生まれている。それに対し日本の場合，イノベーション活動は既存の大企業が行うことが多く，新しいヒット商品などを生み出すなどの成功事例も少なからずあった。しかし多角化経営に失敗したカネボウやソニーの最近の例にみられるように，日本の大企業におけるイノベーションは今日の世界的なIT革命を先導しているとは必ずしも言えない。そのような状況の中で，日本でも中小企業のイノベーション活動に高い期待が寄せられている。
　また，そのようなマクロ経済的視点で影響力を持つイノベーションとは別に，ミクロな視点でのイノベーションもある。それは，個々の企業の死活問題および地域経済において意味を持つ範囲のイノベーションである。商品やサービスを1つのシステムと捉えた時，それらの要素である部品や素材もそれ自体1つのサブシステムであり，それぞれにイノベーションが必要である。これらミクロの視点でのイノベーションを創出することで，中小企業の継続的発展が可能となる。これは「中小企業基本法」で述べる企業の「経営革新・創業促進」の源泉であり，また中小企業が所属する地域経済をとおしてなされる日本経済に対する貢献も少なくない。
　さらに，このミクロ的視点でのイノベーションが大きく成長し，世界市場に

進出する例も少なくない。例えば，中小企業におけるイノベーティブな技術革新として，新潟県燕市・三条市，埼玉県川口市，東京都大田区，東京都墨田区，長野県岡谷市，静岡県浜松市，大阪府東大阪市，大阪府八尾市，兵庫県尼崎市，岡山県岡山市などの産業集積地で多くの事例がみられる。異色の例をあげると，墨田区の金型製造・プレス加工業「岡野工業株式会社（従業員6名，資本金1,000万円）」が，「痛くない注射針」の開発に成功し，世界市場で約10億本／年の販売が期待されている。また燕市の金属加工「株式会社　遠藤製作所（設立1950年。現在は資本金12億円強，従業員単体300以上なので大企業）」で，創業以来，ミシン部品→キッチン・洋食器→自動車部品→ゴルフクラブヘッドへと躍進している。

　現在，世界的大企業になっているホンダやソニーなどは，創業時からのイノベーションによって中小企業からグローバルなレベルまで成長した例である。

　日本でも近年イノベーションに対する支援が本格化している。イノベーション支援としては米国のＳＢＩＲ（Small Business Innovation Research）が有名である。これは80年初めにレーガン政権（米国中小企業庁ＳＢＡが主管）が開始した施策で，科学技術予算の一部を中小企業に提供し，提案公募型の委託案件を国が中小企業から募集する制度である。簡単に言うと，米国政府が重要と考える事業領域を対象とし，提案された「ハイテクベンチャー企業の研究開発プロジェクト」を事業化させるための支援・育成プログラムである。日本では「中小企業新事業活動促進法（2005年4月に公布・施行）」の中で，「新技術を利用した事業活動の支援（ＳＢＩＲ＝中小企業技術革新制度）」が定められている。ここでの特徴は，①中小企業の新技術を利用した事業活動を関係省庁（総務省，文科省，厚労省，農水省，経産省，環境省）が連携して支援すること，および②研究開発から事業化までを一貫して支援することにある。また，中小企業庁では「創造技術研究開発事業」によって，中小企業や個人に対して研究開発に必要な経費の一部を補助する制度も行っている。

2 新規事業のターゲット（新規分野）

それでは，新規参入の具体的なターゲットとしてどのような分野が考えられるのだろうか。e-Japan戦略Ⅱ（2003年7月策定）」では「元気・安心・感動・便利」社会の実現に向け，①医療，②食，③生活，④中小企業金融，⑤知，⑥就労・労働，⑦行政サービスの7分野を先導的取り組みの対象としている。

また政府の「総合的な科学技術政策の立案や調整」を行っている「総合科学技術会議」は，重点4分野，①ライフサイエンス，②情報通信，③環境，④ナノテク・材料，および，⑤エネルギー，⑥製造技術，⑦社会基盤，⑧フロンティアを推進している。そのため，近年これらの分野で中小企業のイノベーション創出や，また大企業・大学等研究機関からのベンチャー参入の事例が増えている。

一方，また90年代のインターネットブームを契機に，中小企業向けにIT活用・インターネット環境の整備などを支援する分野へ新規参入する企業が増加

図表9－3　中小企業向けIT支援など新規参入企業（2005年10月時点の情報）

名　称	設立日	従業員 （単／連）	特　色
㈱ネクサス	1999．6．22	811／1757	携帯電話，中小企業向けビジネス電話などの販売
GMOインターネット㈱	1991．5．24	217／954	インターネット関連事業
ドリームテクノロジーズ㈱	1995．3．16	29	ソフトウエア開発・設計・販売
㈱テレウェイヴ	1997．6．11	40／719	中小企業へのITインフラ構築
㈱Eストアー	1999．2．17	45	Webサーバー，EC，ヘルプデスクなどをASPで提供
㈱イーコンテクスト	2000．5．29	20	ネット通販事業者へコンビニ決済などを提供

（資料）　インターネット検索サイトYAHOO！FINANCEを利用して作成。

第9章 中小企業と新規分野

している。例えば図表9－3のGMOインターネットは中小企業のホームページ・ECサイトの開設を請け負い，またテレウェイヴは小売店や工務店向けのサービスを展開している。

さらにブロードバンドインターネットの普及にともない，中小企業向け調達サイトの成功事例が増えてきた。図表9－4に示したNCネットワークは1998年に中小企業9社の経営者によって設立された企業で現在約1万2,700社の企業が参加している。

図表9－5には2000年から2003年の間に新設された業種を示した。時代の流れに沿った業種が多数出現している。

図表9－4 中小企業向け調達サイト（BtoBサービス）を運営する企業・団体

社名・団体名（URL）	主な取扱品	企業情報
(株)NCネットワーク www.nc-net.or.jp	金属加工，ばね，金型など	1998年2月に9社で設立。現在1万2,700の企業が参加。中小製造業のための情報発信事業，情報化支援事業。
(株)アルファパーチェス www.alphapurchase.co.jp	工場・店舗向け消耗品	2000年11月にリップルウッドグループ等により設立。各業種向け副資材購買代行，副資材コスト削減コンサルテーション。
(株)インフォマート www.infomart.co.jp	食品	1998年2月に設立。現在1万を超える企業が参加。食品を販売するBtoB型eマーケットプレイスの運営。
京都試作ネット kyoto-shisaku.com	機械，機械部品	2001年7月に「経営革新支援法・京都府知事計画承認事業」となる。機械金属産業10社の窓口となり，試作品の製作を共同受注する。
縫製屋ドットネット www.houseiya.net	衣料品	2003年7月に「縫製工場バーチャル企業団地」としてネット公開。縫製工場が個人，アパレルメーカーからの受注を共同受注。

（資料）『日経産業新聞』2005年9月20日付記事を基に，インターネットからの情報を追記。

図表9－5　ＮＴＴタウンページに新設された業種の各年上位10位

新設年度	ＮＴＴ分類名	総　数	新設年度	ＮＴＴ分類名	総　数
2000年	消防設備・用品・保守点検	7,388	2002年	お好み焼店	17,654
	介護サービス（施設）	4,860		着付	7,012
	理美容機械器具・用品	4,552		たこ焼店	3,623
	中古車買取り	4,530		介護予防生活支援サービス	1,277
	電気制御機器	1,869		イベントプロダクション	1,197
	自動制御機器	1,523		オートバイ買収	959
	ファイナンシャルプランナー	1,248		自動車部品・用品卸	741
	おもちゃ卸	1,181		インターネット広告	564
	マンガ喫茶	1,153		シルバー人材センター	561
	浄化槽管理・清掃	1,132		オリジナルプリントグッズ	510
2001年	カラオケボックス・ルーム	7,979	2003年	マンション管理	261
	レンタルビデオ・ＣＤ	7,490		システムインテグレーター	248
	カラオケ喫茶	6,111		カフェ	216
	石油卸	3,277		ウィークリーマンション	193
	すし店（回転寿司）	2,344		フロン回収・破壊	168
	産業廃棄物収集運搬	1,478		もんじゃ焼店	150
	皮革製品製造	1,416		牛丼	75
	建築検査	1,399		インテリアコーディネーター	48
	カーディテイリング	1,322		フリースクール	38
	再生資源処理	1,143		コンサートプロモーター	38

（資料）『中小企業白書』（2004年版），62ページの表から部分的に引用。

3 新しい就業形態（SOHO）

1990年代後半から日本では，インターネットビジネスとしてオンラインショッピング，情報仲介・販売支援，有料情報サービス，調査サービス，総合ポータル運営（広告，マーケティング）など幅広い試みがなされている。これらのビジネスは，①既存の企業，②ベンチャー企業，および，③在宅ワーカーなどによって行われている。このうち③は旧労働省が定義した「在宅ワーク」もしくは中小企業庁が定義する「小規模企業者」に相当する。

一方，情報化時代の小規模企業として，ＳＯＨＯ（Small Office Home Office）が注目されている。このＳＯＨＯの数は，ホームページ・ブラウジング（閲覧）ソフトがパソコンのＯＳ（Operating System）と一体化した1995年以降，急激に増加している。このＳＯＨＯワーカーは，情報化に関する最先端ユーザ技術を身につけているため，21世紀における新しい産業創出に向けて期待されている。すなわち，これまでの経済・産業構造を変革し，新しい社会を築いていくための「新陳代謝」機能を担う人材として期待されている。しかし，このＳＯＨＯについては，統計データが不十分なため，必ずしも実態が明確になっていない。

(1) ＳＯＨＯの定義

まず中小企業白書では，米国コーネル大学ラモナ・ヘック教授の定義を引用し『ＳＯＨＯは，従来から存在する小規模事業者，小売店が範疇に入る』と表現するとともに，米国の「ＳＯＨＯに近い概念であるマイクロビジネス」という用語を引用し『零細企業（従業者数が5名以下）がこれに該当する』と定義している。

しかし，中小企業庁によるＳＯＨＯに関する調査（平成11年12月～12年1月実施）に際しては，ＳＯＨＯを『事業を行う上でインターネットをはじめとするオープンネットワークとパソコン等の情報機器を活用して事業を行う形態』と位置づけ，『中小企業白書の性格上，大企業に属していて，サテライトオフィスや在宅勤務が認められているようないわゆるテレワークは調査対象から外し

た』としている。

　また，同書では，テレワーク白書の定義『文字通り，小規模オフィスや自宅オフィスをさすが，大企業の組織に属さずに，これらの施設を仕事の場として働く個人起業家や個人事業者を指すこともあり，さらに，企業等の組織に属しながら在宅勤務等を実施しているテレワーカーも含め，ＳＯＨＯと呼ばれていることもある』も，併せて紹介している。

　図表９－６に中小企業基本法における「小規模企業」の定義を示す。

図表９－６　小規模企業の定義（中小企業基本法）

	従業員数（常用雇用）
製造業など	20人以下
卸売業，小売業，サービス業	5人以下

　なお，中小企業白書では従業員数5人以下を「零細企業」としている。ＳＯＨＯの関連雑誌で報告されている事例の多くは，脱サラ，退職ＯＬ，主婦によるケースが多く，その場合，起業時の人数が本人1人もしくは夫婦2人となっているので，中小企業法の枠組みの中では小規模企業，零細企業に相当する。

　一方，通信白書では，図表９－７に示すように「テレワーク」の形態として，①企業社員のテレワークと，②自営業者のテレワークに分け，後者をＳＯＨＯ

図表９－７　テレワークの分類

テレワーク	企業社員のテレワーク	・サテライトオフィス／テレワークセンター ・スポットオフィス（立ち寄り型） ・在宅勤務 ・モバイルワーク
	自営業者のテレワーク（ＳＯＨＯ）	『企業に属さない個人企業家や自営業主などが情報通信ネットワークや情報機器を活用し，自宅や小規模な事務所で仕事をする独立自営業型のワークスタイル』 クリエーター系，システム系，エディター系，ライター系

（資料）『通信白書』(1999年版)，48ページ，『通信白書』(2000年版)，51ページなどから引用・加筆。

第9章　中小企業と新規分野

としている。テレワークの必要性については，本人が高齢者か障害者である場合，もしくは，育児・介護等が必要な家族がいて，働く意思があるものの自宅から離れた場所に通勤することが困難な場合を想定している。テレワーカーはインターネットやモバイル通信を活用して自宅などで業務を行う。

なお米国においては，一定規模以下の企業(在宅勤務と事務所勤務)を"Small Business"と呼び[4]，そのうち，自宅ベースを"Home-based Business"，企業の在宅勤務者を"Telecommuter, Teleworker"と区別している。

図表9－8にSOHO協会などによるSOHOの定義を示す。

図表9－8　SOHOの定義

機関等	定義
(財)日本SOHO協会 (総務省所管の財団法人)	『IT(情報通信技術)を活用して事業活動を行っている従業員10名以下の程度の規模の事業者のこと。主にクリエータ，フリーランサー，ベンチャー，有資格者，在宅ワーク等が対象』
特定非営利活動法人「SOHOシンクタンク」 http://www.so-ho.gr.jp/	『(SOHO)情報通信機器を活用し，自宅または小規模なオフィスで事業を行う』 『(SOHO事業者)SOHOを行う者で，個人および法人を含む』
非営利団体「日本SOHOセンター(JSC)」	SOHOは「自宅や小規模オフィスを仕事場として働く人」を意味し，職種ではなく，働き方を示す言葉。一般的にSOHOにくくられる働き方は，①プロフェッショナル(独立自営，身の丈を重視)，②在宅ワーカー，③ベンチャー・アントレプレナー，④会社員のテレワークなどあるが，JSCでは①を対象としている。

(資料)　各団体のホームページより引用もしくは要約（2005年10月現在）。

(2)　小規模企業としてのSOHOの現状

SOHOの労働状態と経営状態について述べる。①SOHO関連雑誌で示された調査結果によると，「SOHO白書'99」(標本数133名)[5]ではSOHOの労働環境と収益に関する最頻値として，1ヶ月の労働時間が200～250時間未満（専業SOHOの場合），年収が701万円以上（夫婦2人の場合）である。そして，

年収400万円以下が約40％となっている。経費として，通信費が約1万円／月，情報収集／スキルアップ経費が約6,000円／月となっている。

また，「ＳＯＨＯ白書'01」(標本数157名)[5]では，平均的ＳＯＨＯ像として，男性37.1歳（妻子あり），労働時間5～8時間／日，休日4～6日／月，平均年商650万円を報告している。

一方，「中小企業庁が行った調査」(平成11年12月～12年1月実施)[6]では，大企業のテレワークを除き「事業を行う上でインターネットをはじめとするオープンネットワークとパソコンなどの情報機器を活用して事業を行う形態」としてのＳＯＨＯの場合，年収に関し100万円以下が59％となっている。また，50万円以下を中心とする100万円以下の集団と，100～800万円以下を中心とする100万円以上の集団の二極化現象を報告している。

なお，図表9－9に示すように，日本ＳＯＨＯ協会によると，2005年のＳＯＨＯの数は約1,500万人と報告されている。

図表9－9　ＳＯＨＯの就業人口（2005年10月時点のホームページ）

ＳＯＨＯ就業人口	推計機関等引用もと
事業所；約500万（内法人188万，個人315万），就労者；約1,500万人	(財)日本ＳＯＨＯ協会のＨＰ
約286万人（2002年推計）	日本テレワーク協会

インターネットを利用している在宅ワーカーのビジネスの形態は大まかに6つに分類できる。

① 従来型内職（主婦など）
② 家内工業（個人製造，個人建築など）
③ 家内商業（個人商店）
④ 企業のリモートオフィス
⑤ フリーの個人翻訳・著作・プログラマーなど
⑥ ホームページにかかわる小規模ビジネス

このうち，⑤と⑥が狭義のインターネットＳＯＨＯに相当する。業種は，ク

リエーター系，システム系，エディター系，ライター系などに分類できる。一方，広義のSOHOは，以前から行っている仕事を中心として，インターネットを通信手段として利用する場合が相当する。

(3) インターネットSOHOの課題
① コミュニティの構築と参加
インターネットSOHOビジネスを成功させるためには，市場の形成と取引上の信頼性の確保が不可欠である。そのため，ビジネス関係者相互のコミュニティの形成が不可欠となる。1995年以降インターネットをメディアとするサイバーコミュニティが出現しているが，これだけでは信頼関係の構築は可能でない。むしろ，関係者が直接対面する機会の減少と，それにともなう取引上のリスクが増大し，問題化しつつある。

それらの対策として，リアル空間的上のコミュニティ形成がある。そのためには実空間で場所を確保することが必要となる。この場所はビジネス・コミュニケーションの場であるとともに，ビジネスでの疲れを癒し他者との新しい関係を築くものでもある。このような「場」として，初期においては例えば「北九州テレワークセンター（2000年オープン）」や「三鷹市SOHOパイロットオフィス実験（1998年開始）」などが行われた。これらは自治体の施策であるが，現在，企業や大学を含む各種団体がその役割を担っており，さらに，それらローカルに形成されたコミュニティー同士での連携が全国的に展開され始めている。図表9－5で示した調達サイトはそれらの発展した状態と言える。

② 設備投資負荷の削減
インターネットブーム初期に「インターネットは経費が限りなくゼロに近い」という言葉が一人歩きし，インターネットビジネスへの参入が相次ぎ，競争が激化した。さらに，2004年1月現在で世界のホストコンピュータ数が約2億3,310万台に達しており，10年前に比べ100倍以上増加している。その中で自分のホームページをみてもらうためにはかなりの工夫と努力，および，コスト負担が必要となっている。例えば，既存のメディアを用いた事前宣伝，多数のア

クセスに対処するための設備，さらに，付加価値としてのアクセスログやアンケートなどの統計処理システムの構築などを含めると，高額な費用となる。ポータルサイトをめざす場合，2000年当時の米国で100億円（日本の場合は10億円程度）に達するという見積りが報告されていた。

　このように，「経費がタダに近い」と言われていたインターネットビジネスも，従来の設備産業型情報通信サービスとしての域を出ないことが，現在明らかになっている。つまり一般的にインターネットビジネスは，コスト対効果の観点で，結局，大資本企業が有利な構造を持っており，設備投資をしやすい大資本の企業が有利な分野である傾向が強まっている。現在マスコミを賑わしているＩＴ新興企業の楽天やライブドアは，ＩＴバブル崩壊以前に上場し多くの資金を市場から調達したと言われている。

　しかし，インターネットＳＯＨＯとしては，第２節２項で紹介した中小企業向けのＩＴ支援企業や調達サイトなどを使用し，身の丈を大事にした経営を行えば，21世紀の新しい労働形態として充実したライフワークを送ることが可能であるといえる。さらに現在はそれを可能とするためのブロードバンド技術やモバイル技術が急速に進展し身近なものとなっている。

〔注〕
1）　情報技術は「実装と効果」，つまり，「どのような回線設備，処理装置，周辺機器，基本ソフト，応用ソフトなどを用い，どのような機能がどの程度のパーフォーマンスで実現され，目的がどの程度達成されるか」自体が本質で重要である。用語的には総称として「ＩＴ (Information Technology)」と略して用いられる場合が多い。また，「ＩＴ」とした場合通常，インターネットなどの通信技術も含むことが多い。しかし立場や状況によっては，「情報」と「通信」を分離し，「ＩＣＴ (Information Communications Technology)」もしくは「情報通信技術」という表現にこだわる場合も少なくない。総務省の『情報通信白書（旧通信白書）』では，平成17年度版から，固有名詞的な表現（ＩＴ国家戦略など）以外は「ＩＣＴ」という表現を用いている。その後は「ＩＣＴ」の表現が増加している。
2）　ベンチャービジネス (Venture Business) については本書第10章で詳しく述べられている。なおベンチャー企業については，清成らによって『中小企業として出発するが，従来の新規開業小企業の場合と違うのは，独自の存在理由をもち，経営者自身が

第9章 中小企業と新規分野

高度な専門能力と才能ある創造的な人々を引きつけるに足る魅力ある事業を組織する起業家精神をもっており，高収益企業であり，かつ，この中から急成長する企業が多く現れている』と定義されている。
3）イノベーションについては本書第1，4，6章に述べられている。なおイノベーション（innovation）は「技術革新」と訳され，①革新的な商品やサービスを創造する「プロダクト・イノベーション」と，②革新的なビジネスプロセスを創造する「プロセス・イノベーション」などがある。また，Michael.E.Porter（*Microeconomics of Competitiveness Conceptual Framework*，Harvard Business School, 2003.）によると，欧米や日本などの先進諸国は，既に「イノベーション主体の経済（innovation driven economy）」の段階に入っていると考えられている。
4）（財）中小企業総合研究機構訳編『アメリカ中小企業白書』（1997年版）1999年，190ページ。
5）「SOHO白書」となっているが，雑誌の中の1特集記事である。
　現在，この雑誌『SOHOコンピューティング』は『月刊CYBiZ－SOHO domain』を経て，2005年11月12日より『月刊ネットショップ＆アフィリ』（2005年12月号）と名称を変更している。①「第1特集　SOHO白書'99」『SOHO　コンピューティング』，(株)サイビス，1999年11月号，10－33ページ，②「第1特集　SOHO白書'01」同，2000年12月号，16－33ページ。
6）中小企業庁編,「第1章　構造変化する経済社会での中小企業の挑戦」『中小企業白書』(2000年版)，大蔵省印刷局，2000年5月，51－53ページ。

　　　　　　　　　　　　　　　　　　　　　　　　　　　（太田　聡）

第10章

ベンチャー企業のマネジメント

第1節 ベンチャー企業とは

1 ベンチャー企業の概念

 日本でもっぱら使われるベンチャー・ビジネス（Venture Business）という用語は，1960年代後半の米国において，コンピュータや情報処理などのいわゆるハイテク産業分野を中心に活躍していた新興の小規模企業群を，日本へ紹介する際に用いられた和製英語である。

 その後，清成忠男・中村秀一郎・平尾光司が「研究開発集約的，又はデザイン開発集約的な能力発揮型の創造的新規開業企業」[1]と定義づけ使われ始めたベンチャー・ビジネスという和製英語は，3回にわたるベンチャー・ブームの中でしだいに定着していった。

 また，ベンチャー・ビジネスの他にベンチャー企業という言葉もよく使われているが，厳密な区分はなされておらず，ほぼ同義語として用いられている。本章では，近年，ベンチャー・ビジネスよりベンチャー企業との表記が多用されていることなどから，ベンチャー企業を主に用いることにする。

2 日本におけるベンチャー・ブーム

 1960年代後半の米国における新興の小規模企業群が，ベンチャー・ビジネスとして紹介されてからのち，日本では3回にわたりベンチャー・ブームが生じ

ている。1970年代前半の第1次ベンチャー・ブーム，1980年代前半の第2次ベンチャー・ブーム，1990年代半ばから現在までの第3次ベンチャー・ブームである。

第1次ベンチャー・ブームは，1970年代前半（70年～73年）に生じたとされる。高度経済成長のピークの時期で，列島改造ブームや脱サラブームといった時代背景もあり，研究開発型のハイテク・ベンチャー企業が多く登場した。しかし，証券系や銀行系を中心としたベンチャー・キャピタルが相次いで設立される中，1973年の第1次オイルショックによる不況を契機に1回目のベンチャー・ブームは終息した。

第2次ベンチャー・ブームは，1980年代前半（83年～86年）に生じたとされる。1980年代に入り，エレクトロニクスやバイオテクノロジー，新素材を中心としたハイテク・ブームが到来し，これを投資先としたベンチャー・キャピタルが，1983年の株式店頭市場の登録制度見直しとも相まって，次々と設立されていった。証券会社のみならず総合商社やノンバンクなども参入，地方での設立もみられたことから，ベンチャー・キャピタル・ブームとも呼ばれる。しかし，評価の高いベンチャー企業へ過大な投資が集中したことから，過剰設備投資による急拡大と，1985年末のプラザ合意による円高不況とも相まって，ベンチャー企業の倒産が相次ぎ，2回目のベンチャー・ブームは終息していった。

第3次ベンチャー・ブームは，1990年代半ば（94年～現在）から生じたとされる。バブル経済崩壊後の長引く不況の中，経済のグローバル化が進み，産業構造の変革が求められる時代背景や，米国経済の復活にベンチャー企業が大きく寄与したこともあり，3度目のベンチャー・ブームが出現した。

これまでの2度のベンチャー・ブームと大きく異なるのは，第1次，2次は経済の発展期にあり，投資先を求めるベンチャー・キャピタルを中心としたブームであったが，第3次は不況期にあり，時代環境の強い要請の中，国や地方公共団体がベンチャー企業振興のための各種施策を積極的に打ち出したところにある。

また，民間でも新たなベンチャー・キャピタルが設立され，エンジェル

(angel：ベンチャー企業向けの投資家）も登場し，大学では起業家教育が行われ，産官学をあげてのベンチャー支援ブームとなっている。1999年以降には，新興企業向け株式市場が創設され，直接金融による資本市場からの資金調達が可能となった。事業内容としては，これまでのハイテクに加え，インターネットや通信といった情報関連に福祉，環境と多様化しているのが特徴である。

3　ベンチャー企業の構成要件

　ベンチャー企業については，これまで様々な定義がなされてきているが，いまだ統一された定義はない。本章では，これまでになされてきた諸定義に共通していると思われる要件を抽出・整理し，これを本章におけるベンチャー企業の概念として用いる。

　ベンチャー企業を構成する主な要件としては，次の7点を指摘することができる。

【企業特性】
　① 企業規模や上場・未上場の区別：未上場の中小企業である。
　② 独立性：大企業，または上場企業が実質的に支配していない企業である。
　③ 企業年齢：設立後10年～15年以内の若い企業である。
　④ 高い成長性：高い成長率を示す，または成長の可能性が高い企業である。

【事業特性】
　⑤ 独自の技術やノウハウ：独自の技術やノウハウ，創造的な研究開発により事業展開する企業である。
　⑥ 新市場や新製品の開発：独創的な製品・サービスや新しい市場の開発により事業展開する企業である。

【経営者特性】
　⑦　企業家精神やリーダーシップ：旺盛な企業家精神や確固たる経営理念を持ち，リーダーシップを発揮しリスクに挑戦する経営者が率いる企業である。

　以上のような形で，ベンチャー企業を構成する要件を整理してみると，ベンチャー企業についての具体的なイメージが描きやすくなろう。たとえば，企業規模を中心とした量的な側面である企業特性からすればベンチャー企業は中小企業に近く，質的な側面である事業特性や経営者特性からすると，一般的な大企業や中小企業とはやや異なった特質を持っていることに気づく。
　しかし，だからといって，これだけでベンチャー企業の本質が理解できたことにはならない。7つの要件のうち，「企業規模や上場・未上場の区別」については，企業年齢が若くとも，急速に成長し株式上場したベンチャー企業を含めるかどうか，また中小企業に限定するのかどうかで意見が分かれる。「高い成長性」や「旺盛な企業家精神」との要件からすると，上場をめざしそれを実現するのは当然のことであり，上場し企業規模が拡大すれば中小企業の範囲を超えてくる企業が出てくるのも当然のことだからである。
　さらには，企業を取り巻く経営環境の変化や時代の変遷とともに，ベンチャー企業の姿が変わってきていることもあげられる。第1次ベンチャー・ブームでは，ベンチャー企業はコンピュータや情報処理などのハイテク産業分野の企業とのイメージが強かったが，最近では，ハイテク産業分野に限らず，ビジネスモデル特許の活用や既存事業のビジネスシステムの再構築などハード，ソフト両面における新しい技術やノウハウをコアにした企業がベンチャー企業として出現してきている。

第2節　ベンチャー企業の経営戦略

1　ベンチャー企業の経営戦略の特徴

　ベンチャー企業の経営戦略の特徴として，まず大企業の経営戦略と異なるのは，創業者の強烈な事業意欲が成長への引き金となっていることである。明文化されないにせよ，その意思は経営理念として語られ，経営の支柱となっている。つまり，創業者の価値観が経営戦略の策定・実行に大きく影響しており，バリュー・マネジメントが実践される度合いが高い（企業戦略レベル）。

　次に，単一事業に集中した戦略を展開していることである。大企業のような多角化やそれにともなう経営資源の配分を主体とした戦略内容ではなく，ベンチャー企業は，独自の技術やノウハウをコア・コンピタンスとしたドメインに，自社の経営資源を集中する戦略内容となっている（事業戦略レベル）。

　そして，単一事業に集中した戦略を展開するにあたって，不足する技術やノウハウ，経営資源をいかに補強するかに戦略的関心がきわめて高いことである。大企業の場合，余剰資源の有効活用の観点から多角化への戦略的関心度が高いが，ベンチャー企業は先発者の優位性を確保するため経営資源の分散を防ぐとともに，外部資源の活用などマネジメント機能強化のためのあらゆる方策を模索する（機能別戦略レベル）。

　このような大企業とは異なったベンチャー企業の経営戦略の特徴と，前節で取り上げたベンチャー企業の要件に基づき，ベンチャー企業の戦略展開についての枠組を設定すると，以下のようになる。

　ベンチャー企業は，ハード・ソフト両面における新しい技術（高度技術・独自技術）を武器＜コア・コンピタンス＞として，企業経営を行うことを志向しており，それを実現するために，旺盛な企業家精神＜バリュー＞をもって積極的に経営を拡大しようとする。しかし，企業年齢が若く，大企業が実質的に支配していない未上場の中小企業であることから，経営資源面での多くの戦略課題＜マネ

ジメント機能の強化＞が山積しており，これらを克服していくことが急速な成長＜戦略の実現＞をめざすための条件となる。

　つまり，ベンチャー企業の継続的かつ安定的な成長のためには，これらの戦略三要素（バリュー，コア・コンピタンス，マネジメント機能）がうまく連関し機能していることが必要と考えられる。

2　企業戦略レベル——バリュー・マネジメント

　バリュー・マネジメントとは，価値観に基づく経営を意味し，具体的には，ミッションやフィロソフィーなど企業の持つ価値観を具現化した概念に基づき戦略や組織をマネージしていくことである。

　ベンチャー企業は，旺盛な企業家精神や確固たる信念を持ち，リーダーシップを発揮しリスクに挑戦する経営者が率いている企業である。その経営者の旺盛な企業家精神や信念を具現化した経営理念に基づき経営戦略の構築やマネジメントを行っていくことが，ベンチャー企業の戦略展開上重要な要素となる。

　しかし，ミッションあるいは経営理念は単に文章化され設定されていればよいというわけではなく，いかに企業戦略をはじめ組織など企業活動の全体に浸透させるかが最重要課題となる。企業規模が拡大するにつれ，社員が増え組織の階層性が増し事業範囲も拡大してく。複雑になったマネジメントの中で組織のベクトルを合わせていくには，組織の構成員にこれらの価値観を共有させることが必要だからである。

　日常業務や朝礼，特別研修など教育による浸透策から，社内誌・リーフレットの配布，カードへの印刷・常時携帯といった媒体を用いた浸透策，そして，委員会の設置や評価制度による浸透策まで，組織的・体系的なあらゆる方策を用い制度化・共有化を図らねばならない。

3　事業戦略レベル——コア・コンピタンス

　コア・コンピタンスとは，「他社には提供できないような利益を顧客にもたらすことのできる，企業内部に秘められた独自のスキルや技術の集合体」のことである[2]。

　ベンチャー企業は，ハード・ソフト両面における新しい技術（高度技術・独自技術）をコア・コンピタンスとして企業経営を行うことを志向している。独自の技術やノウハウ，創造的な研究開発による事業展開，または，独創的な製品・サービスや新しい市場の開発による事業展開を行うことにより，先発者の優位性を確保せねばならず，そうでなければベンチャー企業は存続していくことさえ難しくなってしまう。このため，コア・コンピタンスを構築し，コア・コンピタンスの優位性を長期間継続させていくための投資や努力が，ベンチャー企業の戦略展開上重要な要素となる。

　一般的に，ベンチャー企業は「技術」や「研究開発」をコア・コンピタンスとしている。また，「技術」をコア・コンピタンスとするのは製造業だけの特性ではなく，流通業やサービス業でも「技術」をコア・コンピタンスとする企業の割合が高い[3]。

　第1次，2次のベンチャー・ブームでは，いわゆる技術＝ハイテクがベンチャー企業の特性でありコア・コンピタンスであったのが，第3次ベンチャー・ブームでは「技術」の概念が拡大され，ＩＴ（情報技術）やビジネスモデル特許などを含めたハード・ソフト両面における新しい技術がコア・コンピタンスとして形成されてきており，今後はハード面での新しい技術に加えてソフト面での新しい技術であるビジネス・システムレベルでの独自技術開発が重要となってくる。

4 機能別戦略レベル——マネジメント機能の強化

マネジメント機能とは，生産や研究開発，人事，財務，販売などといった事業を遂行していく上で必要となる諸機能のことである。

ベンチャー企業は，特定分野におけるコア・コンピタンスの突出という競争優位は持つものの，不足する経営資源をいかに補強するかに戦略的関心がきわめて高く，先発者の優位性を確保するためには，弱みとするマネジメント機能の強化が，ベンチャー企業の戦略展開上重要な要素となる。

一般的に，ベンチャー企業は「販売」を強化が必要なマネジメント機能としており，特に，立ち上げ時期のベンチャー企業の最大の弱みが「販売」面にあり，倒産の主な要因ともなっている[4]。

また，「販売」を強化が必要なマネジメント機能とするのは製造業だけの特性ではなく，流通業やサービス業でも「販売」を強化機能とする企業が多い。

ベンチャー企業は，技術をコア・コンピタンスとし競争優位は持つものの，不足する経営資源をいかに補強するかに戦略的関心がきわめて高く，先発者の優位性を確保するためには，特に「販売」面での機能を強化することが大きな課題となっている。

第3節　ベンチャー企業の外部資源活用

1　ベンチャー企業の資源補完の特徴

経営資源は，外部からの調達の容易さの程度により，可変的な資源と固定的な資源に分類されるが，戦略上重要な資源となるのは，金銭支払によって容易に手に入る可変的な資源ではなく，固定的な資源である[5]。

固定的な資源の中でも最も競争上の差別化要因となり得る情報的資源（顧客の信用，ブランドの知名度，技術力，生産ノウハウ，組織風土，従業員のモラルの高さ

など）は，きわめて固定性が高く蓄積に時間がかかる。大企業においては，これらの資源を長い時間をかけ自前で獲得・蓄積していくことが十分に可能であるが，事業展開のスピードが求められるベンチャー企業においては，これらの資源を時間をかけて自前で獲得していくことは難しく，外部からの調達に依存せざるをえない。

　ベンチャー企業が情報的資源を中心とした経営資源の獲得を外部に依存し行っていく方法としては，「市場取引」「Ｍ＆Ａ」「戦略的提携」が選択肢となる。

2　市場取引

　経営資源の不足を補う最も単純な方法は，「市場取引（不足する経営資源を市場で買うこと）」であろう。複雑かつ継続的な組織間関係が生じることなく，必要な資源を必要な時に必要なだけ調達できる。

　最近では，アウトソーシング方式が，ＩＴの進展にともなって注目されている。アウトソーシングとは，経営資源を外部の企業に外注する（請け負わせる）ことであり，何ら新しい概念ではない。特に，ベンチャー企業が参入する事業分野では，新しいアイディアを商品化するスピードによって勝敗が分かれることから，徹底的なアウトソーシング方式が用いられている。

　しかし，製造はすべてアウトソーシングしているのだが，情報的資源が必要となる製品開発については自社内で行っている。これは，情報的資源に価格をつけるのが難しいことと，学び伝授することが求められパッケージ化できないことにより，市場取引になじまないからである。

　また，アウトソーシングは，短期的かつ随時的に経営資源が調達できる反面，長期的で安定的な資源調達は難しく，必ず調達できるという保証もない。

3　M＆A

　長期的かつ安定的な資源確保という点から考えると，必要とする経営資源を企業ごと買い取る，いわゆる「M＆A」方式が考えられる。M＆Aが成立する論理は，「2つの企業が独立の企業として存在しているよりも，1つの企業として統合される方が，より大きな価値が実現される場合」であり，その生み出される価値として，「お互いの未利用の経営資源を利用し合うことによって，成長の経済が実現される」「お互いの事業が補完関係あるいは相乗効果を生み出すことによって，範囲の経済が実現される」「複数の事業を組み合わせることによって，リスクの分散がはかれる」ことの3つの源泉があげられる[6]。

　しかし，M＆Aは，2つの企業が統合されることによりこのような大きな価値を生み出す反面，異なる組織文化(組織風土)を融合させることの難しさや，合併・買収を行い経営資源を確保するまでに時間がかかることなどから，大きなリスクもともなっている。

4　戦略的提携

　企業間競争が世界的・地球的規模で繰り広げられる大競争社会という時代の中で，「市場取引」と「M＆A」との中間に位置し，緩やかな組織間関係を形成する「戦略的提携」方式を採用するベンチャー企業が近年増加してきている。戦略的提携とは，企業の独立性を維持したまま，戦略展開にとってきわめて重要なある特定の経営資源を獲得するため，他企業と緩やかで柔軟な組織間関係を結ぶことである。

　最近では，異業種間や競合企業との提携や，国際提携，系列を超えた提携などもみられる。戦略的提携が成立する論理は，不安定かつ短期的な市場取引と，安定的かつ長期的・継続的なM＆A双方のデメリットをうまく相殺できるところにある。

5 ベンチャー企業の戦略的資源補完

　情報的資源を中心とした経営資源の確保には，長期的かつ安定的な資源確保という点から，必要とする経営資源を企業ごと買い取るM＆A方式が適している。しかし，M＆Aは，前述したように異なる組織文化（組織風土）の融合や合併・買収に時間がかかることなどから，事業展開のスピードが求められるベンチャー企業にとっては，大きなリスクもともなう。

　それに対して，戦略的提携方式は，企業の独立性を維持したまま，戦略展開にとってきわめて重要なある特定の経営資源を獲得するため，他企業と緩やかで柔軟な組織間関係を結ぶ形態であることから，ベンチャー企業の外部資源活用策には適している。他の固定的資源である人的・物的・資金的資源については，市場取引の形態であるアウトソーシングの活用が有効であろう。

　また，外部資源活用には，国や地方公共団体によるベンチャー企業に対する公的支援策や民間のベンチャー・キャピタルの活用も効果的と考えられる。ただ，日本における公的支援策やベンチャー・キャピタルによる支援策がこれまで金融面に偏っていたこと，さらには，新興企業向け株式市場が未整備であり間接金融が中心であったこと，米国のようなエンジェルが数少なかったことなどが，ベンチャー企業の資源補完ニーズとの間にミスマッチを生じさせていた。

　この点については，第3次ベンチャー・ブームに入り，国や地方自治体がベンチャー企業振興のための各種施策（中小企業創造法の施行，ベンチャー財団の設立，ストック・オプションの解禁，未公開企業の株式売買のオープン化，中小企業基本法の改正，中小企業・ベンチャー総合支援センターの開設等）を積極的に打ち出し，また，民間でも新たなベンチャー・キャピタルが設立され，エンジェルの登場やマザーズ等の新興企業向け株式市場の創設により直接金融による資金調達も可能となってきている。

　ベンチャー企業は，大企業と比べて創業後の事業年数が浅いこと，そして，特定分野におけるコア・コンピタンスの突出という競争優位を持続させるため，コア・コンピタンスへの経営資源の重点的配分を行うことなどから，不足資源

の獲得・補強のため外部資源を活用することは，戦略的に避けて通れないものと言える。

第4節　ベンチャー企業の資金調達

1　ベンチャー企業の資金調達の特徴

　企業の資金調達方法には，間接金融方式と直接金融方式がある。間接金融とは，資金の供給者（家計ないしは個人）と資金の需要者（企業）が直接資金を取引するのではなく，その間に金融仲介者（銀行等）が介在して資金の取引が間接的に行われることを言う。直接金融とは，資金の供給者（家計ないしは個人）が，企業の発行する社債や株式を直接購入することである。

　一般に，ベンチャー企業の事業リスクは高いことから，大きなリターンを要求してくる一方で，反対にかなりのリスクを覚悟してくれる資金が必要となる。このため，ベンチャー企業の資金のことをリスクマネーと呼び，きわめて高いファイナンシャルリスクを持った企業であるベンチャー企業にどう資金を供給していくかが課題となる。

　スタートアップから徐々に事業規模が大きくなっていくに従って，企業が必要とする資金量も大きくなっていく。このため，成長ステージごとに，どんな資金が，どの程度必要かを予測し，事前に最適な資金調達策を検討しておかなければならない。

　しかし，日本では，リスクの高いベンチャー企業といえども，その事業資金は主として間接金融である金融機関からの借入金によって賄われてきた。

2 出資による資金調達

事業を営むために必要な資金を集める方法の1つとして，出資による資金調達法がある。株式会社形態の企業ならば，個人や投資家に会社の株主になってもらうことである。その資金は，返済が不要で使途も自由であり，創業者自身が自己資金を出資すれば，将来，株式公開した場合に多額の創業者利得が得られることになる。

(1) ベンチャー・キャピタル

ベンチャー・キャピタルは，ベンチャー企業への資金供給を専門とする会社で，ベンチャー企業の株式を引き受ける形で投資を行う。

米国に遅れて設立された日本の民間ベンチャー・キャピタルもこれまで順調に投資額を増やしてきた。しかし，投資先企業が株式公開する数年前にほとんどの投資が集中し，ベンチャー企業にとってリスクマネーが最も必要なアーリーステージへの投資は少なかった。

日本のベンチャー・キャピタルは，銀行，保険，証券会社など金融機関の関連会社が圧倒的に多い。このため，資金の運用に関しては，リスクを極力回避するように行動せざるを得ない。リスクの低い融資業務の割合が大きく，投資の場合でも，ある程度軌道に乗った安全な企業に投資する傾向にある。

また，投資後の活動には，相当幅広い知識・見識と経験が求められることから，投資活動を個人で担うベンチャー・キャピタリストの養成が課題となる。

(2) エンジェル資金

ベンチャー企業を支援する個人投資家からの資金のことである。投資専門家としてのネットワークを持ち，単なる出資だけでなく，事業を軌道に乗せるためのアドバイスも行う。

主に，資産を獲得したオーナー企業経営者などが，設立間もないベンチャー企業に個人で出資する。税制面の整備が進めば，日本におけるエンジェル資金

も増加していくものと考えられる。

(3) 中小企業投資育成株式会社

1963年に制定された「中小企業投資育成会社法」に基づき，東京，名古屋，大阪の3ヶ所に設立された公的なベンチャー・キャピタルである。中小企業の発行する増資新株や転換社債，新株引受権付社債を引き受けることによって，長期的資金を供給する。民間のベンチャー・キャピタルが株式公開を前提として資金を供給するのに対して，中小企業投資育成株式会社は長期的安定株主になることを前提としているため，株式公開を必ずしも義務づけてはいない。

(4) 新規公開市場

ベンチャー企業にとって，株式公開は信用力と資金調達の機動性を得るための手段となる。株式公開することで，企業の知名度と信用力が向上し，資本市場を通じて安定した資金を調達することが可能となる。

1999年にナスダックが日本での新市場創設を発表して以後，日本でも店頭市場以外にベンチャー企業のための株式市場が，東京証券取引所の新市場「マザーズ」など本格的に整備されてきた。

3　融資による資金調達

個人や金融機関から資金借入を行うことである。融資を受けるには，担保や保証人が必要で，借入期間中は金利を負担し，約定期日までに借入元本を返済しなければならない。

(1) 民間金融機関

民間金融機関としては，銀行，信用金庫，保険会社などがある。

金融機関と企業間における情報の非対称性が大きいと，融資リスクを担保の取得によって克服しようとする。このことから，担保力の乏しいベンチャー企

業にとっては借入が困難であり，十分な資金を得ることが難しい。

また，リターンがわずかの利子に限定される間接金融の性格上，きわめてリスクの高いベンチャー企業向けへの無担保での対応は，さらに困難なものとなる。

(2) 公的制度融資

国民生活金融公庫，中小企業金融公庫，商工組合中央金庫などの政府系金融機関や地方自治体からの制度上の融資のことである。民間金融機関では難しい無担保・無保証の融資を，一定金額を上限として行っている。また，短期の運転資金だけではなく長期の設備資金等の融資制度も整備されている。

(3) 信用補完制度

直接融資を行うのではなく，担保不足の企業が金融機関から融資を受ける際に，その借入資金を債務保証する制度のことである。主に各都道府県の信用保証協会がその役割を担っている。

また，ベンチャー・エンタープライゼズ・センター（ＶＥＣ）では，保証事業のほか，セミナーや交流会の開催など新規事業の振興，人材育成，調査研究など，ベンチャー企業に対する指導的役割を果たしている。

4 多様な資金調達システム

近年では，金融技術の進歩により多様な資金調達システムが開発され，ベンチャー企業の活用も容易となってきている[7]。

(1) エクイティ性資金

ベンチャーファンドの創設やヘラクレス（これからの成長性が期待できる新興企業などに新しい新規調達をすることを目的とし，大阪証券取引所で運営される市場），グリーンシート（1997年に日本証券業協会が，未公開企業の株式売買をするために創設し

た制度) などの直接金融市場が整備されてきている。また，新興市場への公開要件などについても，かなり緩和が進んでいる。

(2) 市場型間接金融

　直接金融と間接金融の中間に位置する金融手法である市場型間接金融が開発されている。市場型間接金融とは，金融機関が企業に貸しつけた貸出債権を裏づけとした証券（ＣＬＯ）を発行し，投資家がそれを購入することで，金融機関が負っていた貸出債権のリスクを投資家へ移転するものである。これにより，金融機関のリスク負担が軽減され，不良債権処理等によりリスクテイク能力が低下している金融機関の負担能力に余裕ができる。

〔注〕
1) 清成忠男・中村秀一郎・平尾光司『ベンチャー・ビジネス』日本経済新聞社，1971年。
2) Hamel, Gary & Prahalad, C.K., *Competing for The Future*, Harvard Business School Press. 1994. 一條和生訳『コア・コンピタンス経営』日本経済新聞社，1995年。
3) 井上善海『ベンチャー企業の成長と戦略』中央経済社，2002年。
4) 同上書。
5) 伊丹敬之・加護野忠男『ゼミナール経営学入門』日本経済新聞社，1989年。
6) 同上書。
7) 中小企業庁編『中小企業白書』(2005年版) ぎょうせい，2005年。

〔参考文献〕
〔1〕 市村昭三・須本隆幸・井上善海・徳重宏一郎『テキスト基本経営学』中央経済社，2003年。
〔2〕 井上善海『ベンチャー企業の成長と戦略』中央経済社，2002年。
〔3〕 金井一頼・角田隆太郎編『ベンチャー企業経営論』有斐閣，2002年。

（井上　善海）

第11章

ナビゲーション経営と中小企業

第1節　ナビゲーション経営とは

1　企業の抱える課題

(1)　マネジメントの原則

　今日の社会では，急激な技術革新やグローバルな競争激化，情報技術の発展等により，事業環境がつねに変化する。企業は変化する事業環境に柔軟に対応しながら，他社に打ち勝つマネジメントを行わなくてはならない。ドラッカー (Peter F. Drucker, 1974) は経営管理者に求められる基本作業として以下の5点をあげている（37-38ページ）。

①　目標を設定する。
②　組織を構築する。
③　動機づけを行い，コミュニケーションを図る。
④　評価測定する。
⑤　人材を開発する。

　これは企業を率いるための，マネジメントの原則である。企業はめざすべき方向性を示すためにミッション（使命）とビジョンを掲げ，それを実現するための手段として経営戦略を策定する。しかし，いかに優れたミッションや経営戦略を策定しても，それがきちんと実行されなければ計画倒れとなり，無駄な努力に終わることとなる。

マネジメントの原則を実践する基本はPDCAのマネジメントサイクルを回すことである。まずミッション，ビジョンを達成するために経営戦略を立て（Plan），それを実行し（Do），活動成果が計画と相違していないか確認し（Check），相違点に対する修正を行い（Action），それを反映した経営戦略を立てなおす。このPDCAサイクルが適切に回転すると計画と活動成果との差異がつねに把握され，問題点を乗り越えるための対策がとられる。これにより，結果的に計画通りの方向に修正しながら会社が進んでいくことになる。このように，経営戦略に基づいて，活動成果をきちんと評価し，その評価に基づいて経営戦略を修正することが求められる。

(2) 経営戦略が実行できない原因

経営戦略が計画倒れになる理由は様々である。その中の一例として，キャプランとノートン（Robert S. Kaplan & David P. Norton, 2000）の報告を紹介する。米国でCEO（最高経営責任者）が戦略をうまく実行できないことによる失敗比率は70～90％と非常に高い。そしてこの原因は，「優れたビジョンを立てても，戦略が実行できないこと」と分析した。その分析結果として，戦略の実行をはばむ理由は図表11-1のとおりである。

企業活動は生産から販売まで多岐にわたる。そのため，企業全体を鳥瞰して部門間の活動成果がどのような因果連鎖で結びついているか，把握されていないことが多い。特に，ビジョンは企業理念として共有されることが多いが，経営戦略そのものは可視化された形で社員と共有されることがあまり多くない。そのため，経営戦略と従業員の日常業務の関係が整理されないままとなっている。したがって，具体的な計画を策定しても，それを現場の日常業務に落とし込んで継続的に管理できないことが多くなる。また，戦略に基づいて計画的に準備すべき予算等のリソース（資源）が不足したり，活動するうえで必要となる組織的な能力開発が整備されないという事態が起こることとなる。加えて，企業活動が多岐にわたるため，活動成果に対する責任の所在も曖昧になることが多い。このような課題を克服することを目的として，バランスト・スコア

第11章　ナビゲーション経営と中小企業

図表11－1　戦略の実行をはばむ壁

```
┌─────────────────────────────────────────────────────┐
│ 10％の組織のみでしか立案した戦略が実行できない理由    │
└─────────────────────────────────────────────────────┘
                         ⬇
┌─────────────────────────────────────────────────────┐
│ ■ビジョンの壁                                        │
│   ✓組織の戦略を理解している組織構成員はたった5％に過ぎない │
│ ■人材育成の壁                                        │
│   ✓戦略に対応した報酬（インセンディブ）を得ているマネジャーは25％に │
│    過ぎない                                          │
│ ■マネジメントの壁                                    │
│   ✓経営幹部の85％は，戦略に関する議論について月に1時間以下しか費や │
│    していない                                        │
│ ■リソースの壁                                        │
│   ✓組織の60％は，戦略と予算が関連づけられていない    │
└─────────────────────────────────────────────────────┘
```

（資料）　Kaplan & Norton［2000］講演資料をもとに筆者作成。

カード（Balanced Scorecard，以下ＢＳＣ）が策定された。

2　ＢＳＣによるナビゲーション経営

(1)　ＢＳＣとは

　ＢＳＣは1992年にキャプランとノートンによって発表された業績評価システムである。ＢＳＣは，企業や自治体などの組織におけるミッションの下で，戦略目標（ビジョン）と戦略を策定し，その経営戦略を4つの視点から具現化していくモデルである。4つの視点とは，「財務の視点」「顧客の視点」「内部プロセスの視点」「人材と変革の視点」である。この4つの視点は因果関係が連鎖している。例えば，「財務の視点」の売上を増加するためには，「顧客の視点」の顧客満足度を向上しなくてはならない。そのためには顧客支援を組織的に行う必要があり，そのための社員教育が必要となる。このようにＢＳＣは，4つの視点それぞれから多角的に業績評価を行い，経営改善を行いながら経営戦略

図表11-2 バランスト・スコアカードの4つの視点とフレームワーク

- 財務評価指標と非財務評価指標のバランス
- 顧客の視点：中期目標達成のために、顧客(株主や企業)に対してどのように行動すべきか？
- 外部的評価指標と内部的評価指標のバランス
- 財務の視点：財務の健全性や事業の効率化を評価するために顧客に対して、どのように行動すべきか？
- ビジョンと戦略
- 業務プロセスの視点：顧客や株主を満足させるために、どのような業務プロセスに秀でるべきか？
- 学習と成長の視点：中期計画達成のために、どのように人材育成と組織を改善する能力を強化すべきか？

(資料) Kaplan-Norton, 1996 を一部修正。

を実現する理論として利用される。

(2) BSCにおけるバランスの意味

これまで企業業績を測定する指標は、売上高や利益額といった短期的な財務指標に偏重していた。しかし、「財務指標」はすでにとられた行動の成果を示すものであり、その背景にある企業経営に必要な取り組みを分析することが必要である。したがって、財務以外の非財務領域の指標を設けなければ中長期にわたる組織活動を正しく評価できない。そのため、BSC「財務指標」以外の非財務業績評価項目として、「顧客や株主への対応」、「業務プロセスなどの組織的な改善活動」、「改善活動に関する従業員のスキル向上」といった視点を併せて取り持つ。これにより、成果を生み出すためのプロセスを正しく評価することが可能となり、中長期にわたる持続的な組織行動を誘発することになる。

一方,「顧客の視点」は利害関係者の評価を測定する指標であり,それ以外の視点は企業内で統治できる指標である。そのため,内部的評価指標だけではなく,外部的評価指標も因果連鎖に組み込み,評価に客観性を持たせてバランスを取ることができるようになる。

ところで,BSCの視点は4つに限定されることはない。企業価値を測定する視点として「環境」や「技術開発」を加える企業もある。重要なのは,このような視点間の因果連鎖を可視化することである。組織全体の活動成果をバランス良く多面的に評価し,その結果を経営戦略に反映することがBSCの目的である。

(3) ナビゲーション経営とは

BSCを使って,目標と実際の経営状況を比較し,つねに軌道修正を行うことができれば,企業経営は順調に進めることができる。これは,航空機の操縦士が,天候,速度計や高度計等をつねに確認しながら航路を修正し,搭乗した顧客に快適な空の旅を演出しながら,予定時刻に目的地に向かうことと同じである。これはマネジメントに必要となる情報を収集・分析しながら,達成すべき経営目標に向かって修正を重ねていくことである。このような経営手法をナビゲーション経営と言う。

第2節　BSCを用いたナビゲーション経営

1　BSCの構築プロセス

(1) ミッション・ビジョンに基づいた戦略目標の策定

BSCを構築する最初のステップは,戦略構築のための内部分析である。これには2つの取り組みが必要となる。まず第1に,全社としてめざすべき方向性を確認することである。ミッションには企業の存在意義や使命が明示され,

ビジョンにはその企業が目標とする将来像が描かれている。これらを実現するには，戦略目標を設定しなくてはならない。戦略目標とは，経営戦略を進めるうえで達成しなければならない具体的な目標であり，ＢＳＣの４つの視点ごとに設定することが求められる。第２に，ＳＷＯＴ分析（自社の強み，弱み，外部における機会とさらされている脅威の分析）を行い，自社を取り巻く状況を精査しなくてはならない。この分析によって，企業の具体的な戦略目標を取捨選択し，経営戦略を実現するための要因を整理することとなる。

(2) 重要成功要因の分析

　戦略目標を達成するには，必ず重点的に対処すべき要因が存在する。その要因を重要成功要因（ＣＳＦ：Critical Success Factor）と言う。例えば企業の戦略目標が収益拡大の場合，企業は売上の増大を図るか，コストを削減するか，あるいはその両方を同時に行うことが考えられる。この場合，財務の視点におけるＣＳＦは，売上増と効率性の向上となる。このように，それぞれ４つの視点の戦略目標に応じて，達成されるべき要因を導き出さなくてはならない。したがって，ＣＳＦは企業活動の具体的な行動目的をあらわす，特に重要な要因を中心に抽出することが求められる。

　次に，ＣＳＦを測定する業績評価指標（ＫＰＩ：Key Performance Indicator）を設定することが求められる。ＫＰＩはＣＳＦの有効性を測る評価指標である。企業のマネジメントにはＰＤＣＡサイクルを導入することが必要だが，その根幹は業績を測定して，その結果を分析することによって新たな計画に反映させることである。そのため，業績を測定するための評価指標は，企業内で公正に定められ，統一基準として全社的に使用される必要がある。また，ＫＰＩを統一基準として使用するには，具体的で定量化できる目標を設定することが求められる。そこで，ＫＰＩの設定例を図表11－3に示す。

図表11－3　ＫＰＩの設定例

- 財務の視点
    ――売上高，事業利益，株主資本利益率（ＲＯＥ），総資本利益率（ＲＯＡ），投資利益率（ＲＯＩ），フリーキャッシュフロー，販売費原価率，株価，棚卸資産回転率など
- 顧客の視点
    ――顧客満足度（Customer Satisfaction），顧客数，既存顧客リピート率，市場占有率（マーケットシェア），クレーム受付率，返品率，販売リードタイムなど
- 業務プロセスの視点
    ――在庫回転率，生産リードタイム，新製品開発リードタイム，歩留まり，職務改善件数，稼働率など
- 学習と成長の視点
    ――従業員一人あたりの研修時間，資格取得率，従業員一人あたりの改善提案件数および採択率等，特許出願件数，従業員満足度

（資料）　筆者作成。

(3)　戦略マップの策定

これまでの手順において，4つの視点に対してそれぞれ戦略目標，ＣＳＦ，ＫＰＩが検討される。しかし，企業の事業内容によっては戦略目標が多数存在することになる。そこで，企業の経営戦略として優先順位等を勘案しながら，重点的に管理すべき項目を論理的に整理するのが戦略マップである。ノートン［1999］は，戦略マップの位置づけとして「ビジョンを具体的な行動に落とし込んだ上で，組織全体で戦略を共有するためのモデル」とする。つまり，戦略マップの作成を通じて，経営戦略の論理構成をより具体的に記述することとなる。それにはまず，組織が達成すべき戦略目標を最上段に描き，その目標を達成するために4つの視点における戦略目標の優先順位を考えていく。そして，戦略目標を達成するための施策を検討するとともに視点間の因果連鎖をチャートで確認していく。この作業によって，日常の活動の経営戦略上の位置づけを明確にしていくことができる。

具体的な戦略マップの例を図表11－4に示す。この例のとおり，戦略マップは企業の具体的な価値創造プロセスを可視化することができる。これによって，

図表11-4　戦略マップの検討例
（BSCの4つの視点と因果関係の結びつき）

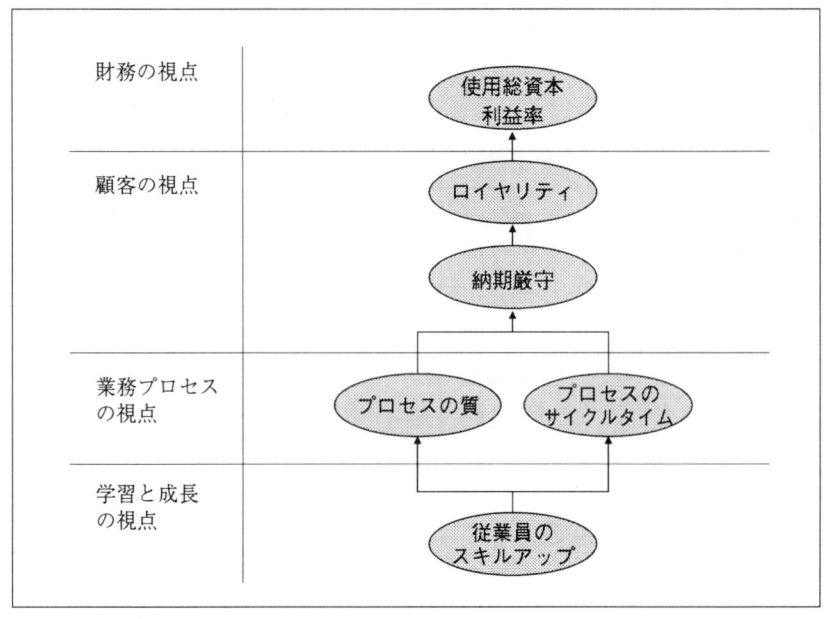

財務の視点：使用総資本利益率

顧客の視点：ロイヤリティ ← 納期厳守

業務プロセスの視点：プロセスの質／プロセスのサイクルタイム

学習と成長の視点：従業員のスキルアップ

（資料）　Kaplan & Norton [1996], p.57.

それぞれの視点の戦略目標がどのような因果関係で連携するかを容易に理解することができる。例えば，企業の売り上げを向上させるには顧客満足度を向上させることが必要だが，それにはサポート体制の整備が必要であり，企業内でサポートを行う人材の育成や研修が必要となることが理解できる。

　ノートン (1999) によると，企業における戦略テーマは4つに大別できる。第1に新製品，新サービスの創出，第2に顧客価値の増大，第3に業務効率の向上，第4に良き企業市民の実践である。これらは企業規模にかかわらず，競争優位性を維持するために必要な能力である。

(4) ＫＰＩに対する目標値の設定

　ビジョンに基づく経営が導入されるならば，それぞれの戦略目標に対してあるべき目標値を策定する必要がある。例えば，経営戦略の目標として5年後に収益を20％増加するならば，毎年3.8％ずつ収益を増やす戦略が必要となる。そして，戦略マップに基づいて，収益を3.8％増やす施策が財務以外の視点でも検討されることとなり，それぞれのＫＰＩに対する目標値が決められることとなる。

　このような目標値の設定は，予算等のリソース配分とも密接な関係を持つことが求められる。経営戦略で目標値が設定されると，その達成に向けた年度予算が策定され，必要となるリソースを確保する必要がある。これによって，権限と責任の所在が明確となる。

(5) 情報ネットワークの整備

　マネジメントでは，戦略目標に則した情報が従業員に周知され，それぞれの現場で対策を迅速に対応することが必要となる。そこで，情報ネットワークには大きく2つの役割がある。第1に必要な情報を収集することがある。ＢＳＣを運用するには，ＫＰＩに対する実績値を収集して目標値との差異や原因分析を進めることが必要となる。そのため，ＫＰＩを収集する情報基盤が整備されなくてはならない。情報収集の精度を高めると，情報基盤に対する投資額も増加することとなる。情報収集の精度とは，逐次性（リアルタイム）や収集する情報の種類の多さやその正確さを指す。事業環境が変化する今日において，精度の高い情報を基にしたマネジメントが理想であるが，投資コストとのバランスを検討する必要がある。

　情報ネットワークの第2の役割は，情報を周知することである。戦略マップや戦略目標に対する評価指標を効率的に周知するには，ネットワークをはじめとした情報技術を活用することが求められる。ＫＰＩの目標値と実績値を従業員に伝え，目標値を達成するための課題の解決方法を現場で考えることが何よりも実践的である。また，現場で考えられた解決策は即座に対応することがで

きる。これによって，改善策に対する効果が情報ネットワークを通じて迅速に周知されることとなり，次の改善施策への意欲を高めることに結びつくこととなる。

(6) 成果の検証

PDCAサイクルで最も重要なのは，成果の検証である。ナビゲーション経営は，経営目標と成果をつねに比べて修正を重ねていく経営手法であり，成果の検証は必須である。目標値とKPIの実績値の差異には，必ず背景となる要因がある。そのため，それぞれの視点間の因果連鎖とその要因を分析し，経営戦略の達成を阻害する要因を特定して解決の糸口をみつけ出すことが求められる。そのため，阻害要因への対応策を検討するプロセスを重視して，課題を解決するための指示を行うトップのリーダーシップが必要となる。

2　BSCのもたらす効果

BSCがもたらすメリットは大きく3点ある。以下に代表的なメリットを述べる。

(1) 経営戦略の共有化

第1のメリットは，戦略マップの作成によって4つの視点に基づく戦略目標と評価指標，そしてそれぞれの視点間の因果連鎖を明確にすることである。戦略マップとして図示して，経営戦略を実現するためのフローチャートとして説明することで，組織全員で共有することができる。これまで，企業のビジョンや経営戦略を，全社的に等しく理解することは非常に難しかった。評価指標を全社統一の基準として設けることは，企業の部門ごとの利害関係にかかわることであり，その設定は容易ではない。これを打破するには，戦略目標に基づく戦略マップを鳥瞰図として用いて，具体的な実行計画を論理的に策定することが必要となる。加えて4つの視点における戦略目標の関連性が明確になること

によって，①目的意識を共有化することができ，②部門ごとによる解釈の違いを抑えることができる。

このように，企業の具体的行動目的を従業員が共有できることがメリットとなる。これにより全社的に課題と対策に対処することができるようになり，マネジメントの改善効果も早期に得られることとなる。

(2) 経営戦略の可視化

第2のメリットは，戦略マップを通じて，それぞれの業務が果たす役割と責任が理解しやすくなる点である。企業の個別目標をそれぞれ最大化しても，業績向上には結びつかない。個別目標の因果連鎖を踏まえて全体最適化を図ることで，業績は最大化することとなる。そのため，業績向上のボトルネックとなっている課題をみつけ出し，その課題を改善することが必要となる。そのためには，戦略目標を達成するために必要となるリソース配分を予算などと関連づけすることが求められる。責任と権限を明確にした上で，限られた経営資源であるリソースの配分と関連づけると評価基準が明確となり，企業への貢献度が客観的に理解しやすくなる。また，部門や個人の目標管理と連携させることで，昇進や昇給の判断基準として用いることもできる。これらのインセンティブによって，組織のモティベーションを向上させる施策として利用することもできる。

(3) フィードバックシステムの導入

第3に，全社的に統一された評価基準を用いることによって，評価指標の妥当性を確保することができる。また，目標値とKPIとの差異分析やKPIを時系列で分析することにより，企業が抱える課題の対応策を検討する糸口として利用することができる。また，全体最適の観点から，因果連鎖に基づくボトルネックを抽出し，対処するフィードバックシステムが設けられる。

3 ナビゲーション経営を中小企業に導入する際の留意点

中小企業がナビゲーション経営を導入する際の留意点は、以下の5点である。

(1) 経営幹部のコミットメントと組織全体のコミットメント

経営戦略とは企業の掲げるビジョンに対する具体策である。そのため、経営戦略は社長をはじめとした経営幹部が方針を示し、全体最適のために達成すべき戦略目標の優先順位の決定も含めてその責任と権限を行使しなくてはならない。これは企業のビジョン達成に向けて、経営幹部と従業員がそれぞれの役割に応じて活動することである。したがって、中小企業がその規模の小ささを利点として一丸となり、マネジメントサイクルのスピードをあげることが、ナビゲーション経営の本質である「打てば響く」組織を構築するために欠かせない能力となる。そのためには、情報ネットワークを通じて、成果に対するコミュニケーション能力を向上させることが求められる。

(2) 具体的な戦略目標

経営戦略とは企業の具体的な行動案であるため、4つの視点で検討される戦略目標も具体的な目標でなくてはならない。抽象的な戦略目標では、組織全体の解釈が多様となり、必ずしも同じ目標を達成するために組織的な行動が取られることがない。そこで、組織全体が等しく理解できる戦略目標を策定することが、全社一体となった組織活動に必要となる。

(3) KPIの抽出数

活動成果の評価基準となるKPIには定量的な指標と定性的な指標の両方が考えられる。しかし、マネジメントは目標値と実績値を比較することで改善の糸口を紡ぎ出すことから、KPIには定量的な指標を使用することが望まれる。その際、すべての業務におけるKPIを数多く出すのではなく、企業活動の源泉をなす根幹的な指標のみを抽出することが求められる。事業環境の変化に対

応するために企業活動のあらゆる側面に評価基準を設定しても，その評価指標を管理できなくては意味のない情報が蓄積されるだけである。したがって，そのための情報投資は無駄となる。そこで，ＢＳＣを構築する際には，ＫＰＩの数は誰もが容易にその意味を理解できる指標に厳選することが求められる。マネジメントサイクルが回転すると，評価情報の数も必然的に増えることになる。その時点でＫＰＩの数を順次増やしていくことが，効率的なマネジメント改善に結びつく。

（4） プロジェクト・マネジメント

企業では，職務領域ごとにあるいは担当事業ごとに組織が構成される。そのため，ＢＳＣの導入といった組織横断型のプロジェクトは，各部門から鍵となる人材を抜き出して遂行することが多い。このようなプロジェクトでは，メンバーのモチベーションの維持と意思疎通のコミュニケーションが成否の鍵となる。こうした，プロジェクト遂行に対する支援体制を整備することが，重要な課題となる。

（5） フィードバックの組み込み

マネジメントで最も課題となるのが，評価指標と目標値との比較による改善のためのフィードバックである。マネジメントの基本は，成果を分析してその結果を今後の経営戦略に反映することである。しかし，特に中小企業では，マネジメントに専従する人員は少なく，結果に即した反映がなされていないことが多い。そのため，戦略的にコンスタントな人材開発を行うことが重要である。必要に応じて外部コンサルタントを導入してでも，フィードバックの仕掛けをつくり上げていくことが必要となる。

第3節　経営品質を高めるための経営課題

1　経営品質とは

　企業のマネジメントとは，ＰＤＣＡサイクルを最適化し，最大限の成果を生み出すことにある。つまり，個々の戦略目標に対する最適化ではなく，企業活動全体の戦略目標の因果連鎖を含めた全体に対する最適化を目標とする。このような経営体制づくりを支援することを目的として，(財)社会経済生産性本部が中心となって創設した賞が日本経営品質賞である。この賞の審査を行う日本経営品質賞委員会が定義する経営品質とは「製品やサービスの品質だけでなく，企業が長期にわたって，顧客の求める価値を創出し，市場での競争力を維持するための仕組みの良さのこと」である。つまり，企業が持続的に競争力を維持するには自己変革能力が求められ，最大成果を創出するための不断の改善が経営の品質向上に結びつくこととなる。

2　日本経営品質賞について

　日本経営品質賞は，企業や公的組織の経営品質について，顧客本位に基づく卓越した業績を生み出す仕組みを表彰するものである。これは，米国の経営品質を向上させることを目的に，1987年に創設された米国の経営品質賞（マルコム・ボルドリッジ賞）を基本としたものである。
　日本経営品質賞は図表11－5に示すとおり，8つのカテゴリーによるフレームワークで構成されている。日本経営品質賞に申請する企業は，これらの8つのカテゴリーに対してセルフ・アセスメント（自己評価）を行い，報告書を提出する。自己評価の目的は，組織として自律的かつ継続的に経営改善を図ることである。
　1997年以降，中小企業を対象とした区分に6社が受賞している。これらの企

第11章　ナビゲーション経営と中小企業

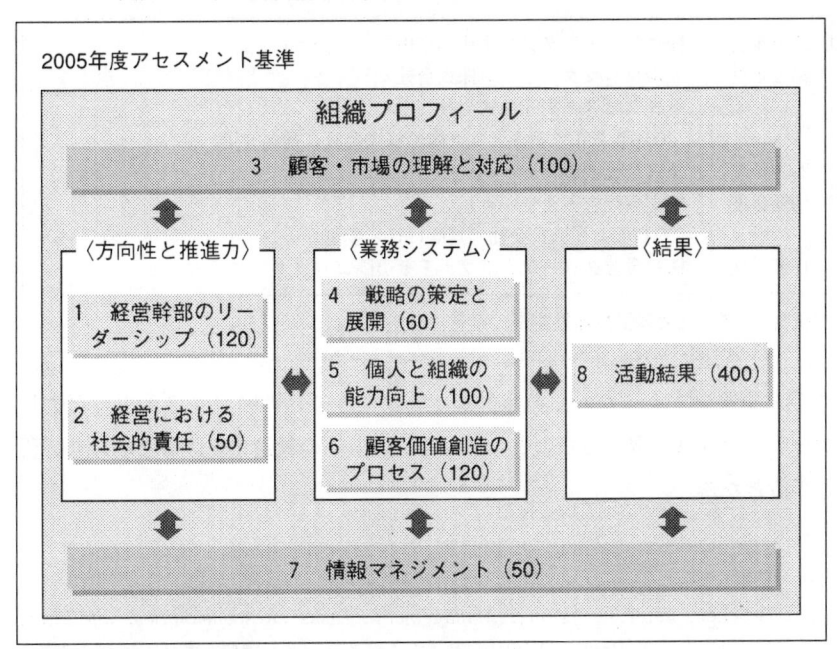

図表11－5　日本経営品質賞アセスメント基準のフレームワーク

```
┌─────────────────────────────────────────────────────────┐
│ 2005年度アセスメント基準                                    │
│  ┌───────────────────────────────────────────────────┐  │
│  │                  組織プロフィール                    │  │
│  │  ┌─────────────────────────────────────────────┐  │  │
│  │  │   3   顧客・市場の理解と対応（100）           │  │  │
│  │  └─────────────────────────────────────────────┘  │  │
│  │         ↕            ↕              ↕              │  │
│  │  ┌──────────┐ ┌──────────┐ ┌──────────┐          │  │
│  │  │〈方向性と │ │〈業務    │ │〈結果〉  │          │  │
│  │  │ 推進力〉 │ │ システム〉│ │          │          │  │
│  │  │1 経営幹部│ │4 戦略の策│ │          │          │  │
│  │  │ のリーダ │ │ 定と展開 │ │          │          │  │
│  │  │ ーシップ │ │ （60）   │ │          │          │  │
│  │  │ （120）  │ │5 個人と組│ │8 活動結果│          │  │
│  │  │          │↔│ 織の能力 │↔│ （400）  │          │  │
│  │  │2 経営にお│ │ 向上(100)│ │          │          │  │
│  │  │ ける社会 │ │6 顧客価値│ │          │          │  │
│  │  │ 的責任   │ │ 創造のプ │ │          │          │  │
│  │  │ （50）   │ │ ロセス   │ │          │          │  │
│  │  │          │ │ （120）  │ │          │          │  │
│  │  └──────────┘ └──────────┘ └──────────┘          │  │
│  │         ↕            ↕              ↕              │  │
│  │  ┌─────────────────────────────────────────────┐  │  │
│  │  │     7   情報マネジメント（50）                │  │  │
│  │  └─────────────────────────────────────────────┘  │  │
│  └───────────────────────────────────────────────────┘  │
└─────────────────────────────────────────────────────────┘
```

（注）　（　）は得点配分を示す。総合計は1,000点となる。
（資料）　(財)社会経済生産性本部　経営品質協議会。
　　　　http://www.jqac.com/

業に共通する要因は次の4点である。

① 　明確な理念と価値観を浸透させる強力なリーダーシップの展開
② 　組織全体の最適化による価値創出
③ 　顧客満足度を最大化するための日常的な取り組みと改善
④ 　コミュニケーションを重視した，組織的な学習能力の向上，改善活動と結びついた人材の育成

企業の大小にかかわらず，マネジメントには顧客満足度の向上と業績の向上を目的として，その達成に必要となる要素を因果連鎖とともに検討し，評価指標による業績評価を実施してその結果に基づく改善策を施行することが求められる。特に中小企業は，業務分野を絞って「集中と選択」を図り，企業資源を

図表11−6　日本経営品質賞中小規模部門受賞企業

2004年度	株式会社ホンダクリオ新神奈川
2002年度	カルソニックハリソン株式会社
	トヨタビスタ高知株式会社
	（2004年よりネッツトヨタ南国株式会社に社名変更）
2000年度	株式会社武蔵野
1998年度	株式会社吉田オリジナル
	（2003年より株式会社イビサに社名変更）
1997年度	株式会社グリーンクラブ　千葉夷隅ゴルフクラブ

（資料）（財）社会経済生産性本部　経営品質協議会。
　　　　http://www.jqac.com/

効率よく使用することが求められる。したがって，戦略マップを用いたナビゲーション経営に取り組むことは，マネジメントの最適化を図るためにも必要な手段となる。

〔参考文献〕

〔1〕 Drucker, Peter. F. [1974], *Management : Tasks, Responsibilities, and Practices*, Harper & Row. （上田惇生訳『マネジメント——課題・責任・実践：下巻』ダイヤモンド社，1974年。）

〔2〕 Kaplan, Robert S. & Norton, David P. [1992], "The Balanced Scorecard : Measures that Drive Performance", *Harvard Business Review*, 1992／Jan.-Feb. （本田桂子訳「新しい経営モデル バランス・スコアカード」，『ダイヤモンド・ハーバード・ビジネス』ダイヤモンド社，第17巻第3号，1992年5月81−90ページ。）

〔3〕 Kaplan, Robert S. & Norton, David P. [1996], *The Balanced Scorecard*, Harvard Business Press. （吉川武男訳『バランススコアカード【新しい経営指標による企業変革】』生産性出版，1997年。）

〔4〕 Norton, David P. [1999], "Use Strategy Maps to Communicate Your Strategy", *Balanced Scorecard Report*, 1999／Nov.−Dec.,「戦略マップで戦略ストーリーを論理的に伝える」,『ハーバードビジネスレビュー』ダイヤモンド社，第28巻第8号，2003年8月，72−93ページ。

〔5〕 Kaplan, Robert S. & Norton, David P. [2001], *The Strategy : Focused Organization*, Harvard Business School Publishing. （櫻井通晴監訳『キャプランとノートンの戦略バランスト・スコアカード』東洋経済新報社，2001年。）

〔6〕 櫻井通晴『バランスト・スコアカード——理論とケーススタディ——』同文舘出

版,2003年。
〔7〕「バランス・スコアカードを活用した[ナビゲーション経営]」『企業診断ニュース』2004年4月,5－38ページ。
〔8〕 寺元義也・岡本正耿・原田　保・水尾順一『経営品質の理論』生産性出版,2003年。

　　　　　　　　　　　　　　　　　　　　　　　　　（奥居　正樹）

索　引

【あ行】

ＩＳＯ14001 ……………… 125, 127, 130, 131
ＩＴ …………………………………… 106
ＩＴ化 ………………………………… 106
ＩＴニーズ …………………………… 108
ＩＴの企業化 ………………………… 107
ＩＴベンチャー ……………………… 142
アーキテクチャー …………………… 56
アイデア志向型企業 ………………… 92
アウトソーシング …………………… 165
アジア戦略 ………………………… 28, 31
アメリカ中小企業白書 ……………… 57
安全性分析 …………………………… 79
ｅ－ＪＡＰＡＮ戦略Ⅱ ……………… 146
ｅ－中小企業庁＆ネットワーク …… 113
ＥＣ …………………………………… 110
ＥＭＳ ………………… 125, 128, 129, 130, 132
異業種交流 ………………………… 66, 67
イノベーション ………………… 53, 54, 144
イノベーションのジレンマ ………… 13
インターネットビジネス …………… 149
インターネットブーム ……………… 146
ヴァーノン …………………………… 27
Ｍ＆Ａ ………………………………… 166
ＮＣネットワーク …………………… 147
ＳＢＩＲ ……………………………… 145
Ｓ－Ｌ理論 …………………………… 8
Ｘ－Ｙ理論 …………………………… 8
エクイティ性資金 …………………… 171
エコビジネス …………………… 124, 133
エコファンド ………………………… 122
エンジェル …………………………… 158
エンジェル資金 ……………………… 169
ＯＥＭ ………………………………… 20

Ｏｆｆ－ＪＴ ………………………… 38
ＯＪＴ ………………………………… 38

【か行】

会社戦略 ……………………………… 11
階層別研修 …………………………… 39
開発研究 ……………………………… 60
開発戦略 ……………………………… 37
外部資源活用 ………………………… 167
科学的管理 …………………………… 3
課業 …………………………………… 4
拡大生産者責任 ……………………… 122
株式公開 ……………………………… 170
ガルブレイス ………………………… 56
環境会計 ……………………………… 130
環境基本法 …………………………… 124
環境共生型経営 ………………… 127, 131, 132
環境仕様書 …………………………… 125
環境対応型経営 ………………… 126, 132
環境報告書 ……………………… 124, 130
環境保全型経営 ………………… 126, 131, 132
間接金融 ……………………………… 168
企業家精神 …………………………… 162
企業間取引 …………………………… 110
企業間のガバナンス ………………… 67
企業－消費者間取引 ………………… 110
企業成長 ……………………………… 36
企業の「グローバル化」 …………… 19
企業の「国際化」 …………………… 19
企業のＩＴ化 ………………………… 107
企業の存続 …………………………… 69
技術革新 ………… 51, 55, 56, 57, 58, 59, 65, 67
技術戦略 ……………………………… 29
技術力志向型企業 …………………… 92
機能分析 ……………………………… 97

191

機能分野別戦略 …………………… 11	
キャッシュフロー ………………… 76, 87	
キャッシュフロー計算書 ……… 72, 76, 77	
業績評価指標 …………………… 178	
競争戦略 …………………………… 12	
共通の目的 ………………………… 6	
協働意欲 …………………………… 6	
京都議定書 ……………………… 124	
空洞化 …………………………… 29	
グリーンコンシューマリズム ………… 122	
グリーン調達 ……………… 125, 127, 128	
グローバル型中小企業 … 23, 24, 25, 26, 27	
グローバル化 …………………… 37	
ＫＰＩ ……………………………… 178	
経営革新 …… 51, 53, 54, 55, 59, 65, 67, 140	
経営資源 ………………… 26, 27, 164	
計画化体制 ……………………… 56	
経験曲線 ………………………… 11	
経済のグローバル化 ………………… 23	
研究開発 ……… 51, 59, 60, 62, 63, 64, 65, 67	
現地調達（ローカル・コンテンツ）	
規制 ……………………… 21, 22	
コア・コンピタンス ……………… 64, 163	
公害対策 ………………………… 124	
公的制度融資 …………………… 171	
ゴーイング・コンサーン ………… 51, 53	
国内型中小企業 ……………… 25, 26, 27	
個人情報取扱事業者 …………… 116	
個人情報保護法 ……………… 105, 115	
コスト・リーダーシップ ………………… 12	
コミュニケーション ………………… 6	
コミュニティ ……………………… 153	
雇用形態 ………………………… 41, 42	
雇用の流動化 …………………… 41, 42	
コンティンジェンシー理論 ……………… 9	
コンプライアンス ………………… 127	
コンプライアンス・プログラム ……… 117	

【さ行】

在宅勤務者 ……………………… 151	
財務分析 ………………………… 79	
差別化 …………………………… 12	
産業構造の変化 ………………… 37	
ＣＳＦ …………………………… 178	
事業戦略 ………………………… 11	
事業部制組織 …………………… 10	
資金調達 ………………………… 71	
資金調達と運用 ………………… 79	
資金の最適な調達と運用 ………… 69	
自己啓発 ………………………… 38	
自己資本 ……………… 72, 73, 82, 84, 87	
市場型間接金融 ………………… 172	
市場体制 ………………………… 56	
市場取引 ………………………… 165	
市場を起点とした行動 ……………… 94	
システムＢＰＲ ………………… 108	
持続的技術 ……………………… 13	
下請け型企業 …………………… 91	
収益性分析 …………………… 79, 80	
終身雇用 ……………………… 37, 44	
集中 ……………………………… 12	
重要成功要因 …………………… 178	
出資 …………………………… 169	
シュンペーター ……………… 53, 54, 56	
小規模企業 ……………………… 150	
少子化 …………………………… 41	
少子高齢化 ……………………… 40	
情報技術活用の促進 …………… 103	
情報処理技術の革新 …………… 37	
情報セキュリティ ……………… 105	
情報的資源 ……………………… 164	
諸機能の統合の役割 ……………… 95	
自立型企業 ……………………… 91	
新規事業 ………………………… 139	
新規分野 ………………………… 139	

新結合の遂行 ……………… 53
新興企業向け株式市場 …………… 167
新興工業経済地域 ……………… 20
人口構成の変化 ………………… 37
人材開発 ……………………… 38
新卒一括採用 …………………… 46
人的資源 ……………………… 36
信用補完制度 …………………… 171
成果主義 ……………………… 44
成長性分析 …………………… 79, 80
製品開発レベル ………………… 95
製品コンセプト ………………… 95
製品差別化 …………………… 97
製品ライフサイクル ……………… 11
セールス・レップの活用 ………… 102
戦略的意思決定 ………………… 10
戦略的提携 …………………… 166
戦略マップ …………………… 179
ＳＯＨＯ …………………… 149
創業 ………………………… 140
総合科学技術会議 ……………… 146
創造技術開発事業 ……………… 145
創造的破壊 …………………… 54
創造的破壊の烈風 ……………… 54
創造的模倣 …………………… 63
即戦力 ……………………… 46
素材問題 …………………… 52
組織的怠業 …………………… 3
組織文化 …………………… 166
損益計算書 ……………… 72, 74, 75, 76, 80

【た行】

第三のイタリア ………………… 15
貸借対照表 …………………… 72, 74, 76
他人資本 ……………………… 73
団塊の世代 …………………… 40
地域産業集積活性化法 ………… 141
地球温暖化 …………………… 122

知的クラスター ………………… 142
チャネル政策 …………………… 99
チャネル多様化 ………………… 100
中小企業基本法 ………………… 140
中小企業新事業活動促進法 …… 141, 145
中小企業投資育成株式会社 ……… 170
中小企業のグローバル化 ……… 23, 25
中小企業の国際化 ……………… 19
朝鮮戦争(朝鮮動乱) …………… 20
調達サイト …………………… 147
直接金融 …………………… 168
創発 ………………………… 13
適時適材適所 …………………… 42
デジタル製品 ………………… 144
デフレ経済 …………………… 144
テレワーク …………………… 150
電子商取引 …………………… 110
ドラッカー …………………… 56, 63

【な行】

成行き管理 …………………… 4
ＮＩＥＳ …………………… 20, 23
日本ＳＯＨＯ協会 ……………… 151
日本経営品質賞 ………………… 186
認証制度 …………………… 117
ネットワーク化 ………………… 101
年功序列 ………………… 37, 41, 44
能力主義 …………………… 44

【は行】

ハイマー …………………… 26
破壊的技術 …………………… 13
バランスト・スコアカード ……… 174
バリュー・マネジメント ………… 162
B to B ……………………… 110
B to C ……………………… 110
ＰＰＭ ……………………… 10

非公式組織 ………………………… 5
ビジネス・システム ……………… 163
ヒューマンBPR …………………… 108
プライバシーマーク ……………… 117
プラザ合意 ………………………… 22
ブラックフォード ………………… 56
プロダクト・ポートフォリオ・
　マネジメント …………………… 10
プロダクト・ライフサイクル …… 27,53
プロトタイプ製品 ………………… 51,63
ベンチャー・キャピタリスト …… 169
ベンチャー・キャピタル ………… 158,169
ベンチャー・ブーム ……………… 157
ベンチャー企業 …………………… 142
ホーソン実験 ……………………… 5

【ま行】

マネジメント機能 ………………… 164
右腕 ………………………………… 46

【や行】

融資 ………………………………… 170
横請け ……………………………… 15

【ら行】

リエンジニアリング ……………… 108
リスクマネジメント ……………… 128
リバース・エンジニアリング …… 63
連携 ……………………… 51,64,65,66,67

〈編著者紹介〉

川上　義明（かわかみ　よしあき）
　［略歴］
　　1948年　鹿児島県に生まれる
　　1982年　慶應義塾大学大学院商学研究科博士課程修了
　　現　在　福岡大学商学部教授・学部長　博士（商学）
　　専　攻　経営学，中小企業論
［著書・論文］
『現代日本企業の国際競争力』1991年。『現代日本の中小企業』1993年。
『現代企業の生産システム』1997年。『生産システムの国際移転』2000年。
『現代企業経営のダイナミズム』2002年（現代企業経営研究会編・編集代表）。
（以上，税務経理協会）
　その他著書・分担執筆・論文，多数。

著者との契約により検印省略

平成18年 2 月20日　初版第 1 刷発行	現代中小企業経営論
平成20年 4 月20日　初版第 2 刷発行	
平成22年 4 月20日　初版第 3 刷発行	
平成23年 4 月20日　初版第 4 刷発行	編著者　　川　上　義　明
平成25年 4 月20日　初版第 5 刷発行	発行者　　大　坪　嘉　春
	印刷所　　税経印刷株式会社
	製本所　　株式会社　三森製本所

発行所　〒161-0033 東京都新宿区下落合 2 丁目 5 番13号　株式会社 税務経理協会
　　　　振替　00190-2-187408　　電話(03)3953-3301(編集部)
　　　　FAX(03)3565-3391　　　　　　(03)3953-3325(営業部)
　　　　URL　http://www.zeikei.co.jp/
　　　　乱丁・落丁の場合は，お取り替えいたします。

Ⓒ　川上義明 2006　　　　　　　　　　　　　　　　Printed in Japan

本書の内容の一部又は全部を無断で複写複製(コピー)することは，法律で認められた場合を除き，著者及び出版社の権利侵害となりますので，コピーの必要がある場合は，あらかじめ当社あて許諾を求めてください。

ISBN4-419-04660-0　C1034

税務経理協会　刊　　　　　　　　　　　　　　　好評発売中！

川上　義明　著
現代日本の中小企業
－構造とビヘイビア－

A5判・208ページ・定価　2,650円（税込）

東西冷戦構造が消滅した激動の世界経済・日本経済下における中小企業に視点をあて，それの到達点や経営問題を，どう捉えてどう考えていくべきかを検討した意欲作。

川上　義明　著
生産システムの国際移転
－ジャパナイゼーション論と
イースターナイゼーション論の検討－

A5判・244ページ・定価　3,360円（税込）

企業経営のグローバリゼーションとともに，どの方向への生産システムの進化がみられるか，ジャパナイゼーション論とイースターナイゼーション論の検討により分析。

現代企業経営研究会　編／編集代表　川上　義明
現代企業経営のダイナミズム

A5判・216ページ・定価　2,100円（税込）

第Ⅰ部の企業と制度から第Ⅱ部の戦略と組織，第Ⅲ部の情報・技術と国際化まで13テーマで分析を行い，NPOなど企業経営の新しい課題に意欲的にアプローチする。